I0412994

Luces y sombras en Criminología

Un libro sobre iluminación y criminalidad

Carlota Barrios Vallejo

Diseño y fotografía de la cubierta: Carlota Barrios Vallejo

1ª edición: marzo de 2015

© 2015: Carlota Barrios Vallejo

Derechos exclusivos de edición en español
reservados para todo el mundo:
© 2015: Criminología y Justicia Editorial

ISBN-13: 978-1508700432
ISBN-10: 1508700435
Depósito legal: Safe Creative

Ninguna parte de esta publicación -incluido el diseño
y fotografía de la cubierta-, puede ser reproducida,
almacenada o transmitida de manera alguna
ni por medio alguno, sin permiso previo del autor.

La mucha luz es como la mucha sombra: no deja ver.

Octavio Paz

Este libro está dedicado a todas las personas que empujaron
mi vehículo criminológico cuando no andaba,
y muy especialmente a:
David Senabre (el copiloto),
Beatriz de Vicente (la mecánica)
y José Manuel Servera (la cuesta abajo).

Índice

Presentación

A mediados de los años setenta hubo una gran proliferación de proyectos de iluminación en Estados Unidos, así que en 1979, James M. Tien y sus colegas publicaron un estudio completo acerca de los efectos del alumbrado público sobre la criminalidad.

Su proyecto consistía en evaluar 103 calles donde la iluminación se había mejorado con fines de prevención criminal, aunque finalmente sólo 15 fueron consideradas lo suficientemente válidas como para ser incluidas en el análisis. ¿El motivo de esta drástica reducción? La mayoría de los proyectos de mejora del alumbrado no contenían la información que necesitaban (por ejemplo, no se estableció un área de control, no había estudios previos a la mejora, etc.)

Tras leer su estudio, algunos criminólogos sugirieron que no había conexión entre iluminación y criminalidad, aún cuando los resultados no demostraban que esa correlación no existía; simplemente mostraban que los proyectos que intentaron analizar no contenían información lo suficientemente rigurosa como para poder ser evaluados.

He contactado con el Dr. Tien para presentar este, mi primer libro, y no puedo sino agradecer enormemente su participación y sus palabras, que transcribo a continuación:

¿Afecta la iluminación al crimen?

James M. Tien, Doctor en Ingeniería de Sistemas

Profesor distinguido y Decano del Colegio de Ingenieros

Universidad de Miami, Coral Gables, Florida

En 1979*, la respuesta a esta inquietante pregunta se presentó de dos formas: en primer lugar, tras un riguroso análisis de 103 calles donde se implantaron proyectos de iluminación, la respuesta a si la iluminación callejera podía reducir el crimen no fue concluyente; en segundo lugar, se obtuvo la evidencia de que el alumbrado público -especialmente la uniformidad de la iluminación- puede afectar al miedo al delito. Permítanme explicar ambas respuestas, para que no haya malas interpretaciones.

Primero, una cuestión relacionada con el citado análisis: ¿Podría haberse llegado a una conclusión definitiva acerca de la relación entre iluminación y crimen, incluso si los datos de los 103 proyectos analizados hubieran sido fiables y uniformes? La respuesta es no. Hay demasiadas variables confusas (nivel y color de la iluminación, uso de las calles, etc.) que habrían vuelto cuestionable cualquier declaración. Incluso hoy, con la existencia de grandes bases de datos, un análisis como ese seguiría siendo en cierto modo difícil, cuando no impreciso.

Segundo, aunque la iluminación callejera no parece influir sobre el nivel de criminalidad sino que parece desplazarla, sí se puede decir que afecta al miedo al delito o al sentimiento de seguridad. De hecho, nuestra intuición nos dice que la iluminación hace que un ambiente parezca menos extraño, lo cual supone un argumento de peso a favor de esta conjetura. Definitivamente, una calle completamente oscura haría que cualquiera se sintiera temeroso y preocupado; por otro lado, aumentar el nivel de la iluminación hasta que parezca que es de día, no va a eliminar ese miedo a convertirse en víctima, puesto que la criminalidad callejera tiene lugar también durante las horas diurnas. Para ser exactos, el miedo probablemente no puede representarse respecto a la iluminación como una función lineal, pero sí como una función gradual; por lo tanto, la uniformidad de la luz a lo largo de una calle o un área, puede influir en nuestro miedo a la victimación.

Tras las conclusiones del análisis de 1979, es recomendable que las investigaciones sobre la iluminación callejera como método para disuadir la actividad criminal continúen, sobretodo porque el objetivo de dicha iluminación no es solamente la seguridad, sino también fomentar el carácter comunitario, mejorar el tráfico, y facilitar la identificación de posibles riesgos.

Así, el desarrollo de proyectos de alumbrado público debe desarrollarse mediante un esfuerzo conjunto que implique a planificadores urbanísticos, criminólogos e ingenieros, para que puedan tenerse en cuenta todas las necesidades de la comunidad.

* Tien, J. M., O'Donnell, V. F., Barnett, A, y Mirchandani, P . B . *"National Evaluation Program: Street Lighting Projects", Law Enforcement Assistance Administration.* Departamento de Justicia de Estados Unidos, 1979.

Prólogo

Me fascinan las farolas.

La mera visión de uno de esos globos naranjas me evoca una inquietud casi digna de estudio, e incluso podría decir que siempre me han dado *mal rollo*; me preguntaba porqué tenían que ser así y porqué la luz tenía que ser naranja, con lo mal que se ve...

Es imaginarme el Londres de principios del siglo XIX, instalando su primer alumbrado urbano, y ponérseme los pelos como escarpias de pensar en lo espantoso que sería vivir en uno de los barrios que estaban todavía por iluminar.

Pero si hay algo que me fascina más aún que las farolas en sí, es el efecto que produce en nuestra psique la luz que emiten; la que se cuela por las rendijas de las persianas, la que no llega a iluminar un callejón o la que trepa por las fachadas de los edificios.

Cuando me convertí en alumna de Criminología y descubrí que existía cierto interés por investigar una posible relación entre crimen e iluminación, empecé a obtener respuestas a muchas de mis preguntas, si bien aparecieron nuevos interrogantes.

¿Está realmente comprobado que la iluminación tiene efectos directos sobre la criminalidad?

¿Cómo se puede investigar este fenómeno de forma objetiva?

Buscando bibliografía e investigaciones sobre esta materia en España, me di cuenta de que era un tema prácticamente inexistente en la Criminología de habla hispana, y que los países que más aportaciones habían hecho eran Estados Unidos y Reino Unido, seguidos de Canadá y Australia.

Con el paso del tiempo, mi esperanza de encontrar un libro en español acerca de este tema fue decayendo, y por eso, si hace un año me hubieran dicho que iba a publicar un libro sobre iluminación y criminalidad, nunca me lo hubiera creído.

Este libro es por tanto, una introducción al mundo de la iluminación y la criminalidad, y con su publicación pretendo despejar una senda que anime a los criminólogos hispanohablantes interesados en este campo de investigación, a recorrer el camino hacia esta especialidad.

Carlota Barrios Vallejo

Madrid, marzo de 2015

Introducción

1. Introducción

Tal y como respaldan numerosas investigaciones internacionales que se vienen desarrollando desde hace más de cuarenta años, el alumbrado público puede ayudar a reducir la criminalidad en función de su cantidad, calidad y situación, aunque es importante saber evaluar en qué casos y lugares puede aplicarse esta estrategia con fines de prevención criminal.

No sólo conviene tener en cuenta el gasto que supone un aumento o mejora de la iluminación, sino que es muy recomendable saber emplear este recurso junto a otras medidas de prevención para conseguir una mayor efectividad.

Durante los últimos años, tanto en España como en otros países europeos, se viene observando un uso cada vez mayor de cámaras de seguridad en espacios públicos[1], hecho que, desde el punto de vista de la prevención criminal mediante el diseño ambiental no siempre es acertado, puesto que no se recomienda sustituir por completo con tecnología un método tan efectivo como la vigilancia natural (*natural surveillance*) de los vecinos de cada zona.

Si bien los circuitos cerrados de televisión pueden servir de apoyo a la mencionada vigilancia natural, requieren estar enfocados en la dirección correcta en el momento adecuado (lo cual no siempre es posible), además de necesitar la presencia de varios vigilantes en la central que se turnen para observar los monitores las veinticuatro horas del día, lo cual es arduo y costoso de mantener.

Muchas de las cámaras de vigilancia que encontramos en

nuestras ciudades, en realidad están desatendidas (nadie está observando en tiempo real a través de ellas), con lo que su utilidad se limita al momento previo al hecho delictivo (poder disuasorio) y posterior al mismo, como por ejemplo a la hora de identificar a un infractor. Este es el caso de las nueve mil cámaras que forman el CCTV del Metro de Madrid.

Aunque se presta cada vez más atención a la necesidad de vigilar de una manera u otra los espacios públicos, apenas hay interés por su iluminación, ya que pese al gran número de estudios internacionales que hay al respecto, en España todavía existe la creencia generalizada de que la incidencia del alumbrado sobre las tasas de criminalidad es irrelevante.

Tanto los esfuerzos que se han realizado para estudiar de manera científica este fenómeno, como el interés por averiguar cómo usar de forma inteligente la iluminación para prevenir el crimen, son, a día de hoy, insuficientes en nuestro país.

En el ámbito de la prevención criminal no existe una solución única para todo, por lo que tan importante es el entorno como la iluminación del mismo, así como el diseño y situación de los diferentes elementos que pueblan el paisaje urbano (edificios, calles, parques, mobiliario urbano, vegetación ornamental, etc.)

No existe lugar público, por muy bien iluminado que esté, que se encuentre totalmente libre de riesgos si los criminales gozan de la posibilidad de no ser vistos y/o reconocidos.

Investigaciones sobre iluminación y criminalidad

2. Investigaciones sobre iluminación y criminalidad

Se tiende a pensar que a más luz, más seguridad, pero esto no siempre es cierto, y varias teorías basadas en investigaciones de campo criminológicas lo demuestran.

Un buen ejemplo de ello es el estudio realizado por Malcolm Ramsey y Rosemary Newton en 1991 en Inglaterra, en el que trataron de plasmar una visión objetiva de los efectos de la iluminación sobre las tasas de criminalidad, concluyendo que:

> Por sí sola, la iluminación mejorada tiene un impacto muy reducido sobre el crimen. Hay algunos puntos localizados conflictivos (*blackspots*) donde el alumbrado mejorado puede tener una modesta influencia en las tasas de criminalidad de la zona y puede que una mayor sobre el vandalismo. También, junto con otras medidas, una mejor iluminación puede ayudar a mejorar un área. Indirectamente, esto puede reducir la criminalidad-aunque dicho resultado no está garantizado. No existe base alguna para afirmar que simplemente invirtiendo más en iluminación se reduzca el crimen.[2]

Según algunos estudiosos de la Criminología Ambiental, la visión de Ramsey y Newton es de las más críticas, aunque en realidad exponen una parte muy importante de la relación iluminación-criminalidad: generalmente, el aumento en la cantidad de iluminación de una zona, tiene efectos positivos a la hora de reducir la criminalidad, pero para que eso sea posible, dicho incremento de luz debe ser selectivo, es decir, debe aplicarse de forma precisa, no masivamente.

Si por el contrario, se realiza un incremento de la iluminación de forma general -de manera no selectiva-, no siempre se va a conseguir reducir la criminalidad, aunque sí suele tener como consecuencia una mayor sensación de seguridad por parte de los vecinos de la zona, así como un significativo descenso del miedo al delito (especialmente durante las horas nocturnas).

El alumbrado de una ciudad no sólo comprende las farolas de las calles, parques, etc., sino que también incluye la iluminación de zonas específicas, como locales comerciales. Un buen ejemplo de ello son los locales de entidades bancarias, que se mantienen bien iluminados durante toda la noche para que los potenciales intrusos puedan ser vistos desde el exterior (a través de las grandes cristaleras), así como por las cámaras de seguridad del interior.

La investigación llevada a cabo por Nancy G. La Vigne[3] en 1994, es muy esclarecedora respecto a la importancia de la iluminación de áreas específicas, ya que el estudio experimental que llevó a cabo estaba orientado a las estaciones de servicio, donde la iluminación juega un papel muy importante a la hora de prevenir que algunos conductores llenen el depósito y se marchen sin pagar.

Previamente hemos visto que el alumbrado público por sí mismo, no juega un papel determinante a la hora de reducir las tasas de criminalidad, pero Kate Painter y David P. Farrignton demostraron a través de uno de sus trabajos de investigación[4] que la mejora del alumbrado sí influye directamente de dos formas sobre la mente del criminal: reduciendo las oportunidades para delinquir e incrementando el riesgo percibido.

A lo largo de la investigación, llevada a cabo en Reino Unido y que formó parte de la tesis doctoral de Painter, ésta encuestó a cientos de delincuentes condenados por delitos como allanamiento de morada, atraco a mano armada, o robo, y concluyó que a la mayoría de ellos les disuadía una iluminación estratégicamente colocada o dirigida, práctica que defiende la criminóloga británica.

Barry Webb y Barry Poyner también atendieron a la importancia de la iluminación cuando establecieron un sistema de evaluación de medidas de prevención criminal que publicaron en su libro de 1991, "*Crime Free Housing*", en el que concluyeron que la luz -callejera o no- era efectiva como medida general de prevención de la criminalidad en varios de los estudios criminológicos que analizaron. Así, la mejora de la iluminación parecía tener una relación directa con el descenso de las tasas de criminalidad en seis de siete estudios sobre robos en viviendas, en dos de dos estudios sobre robos en comercios, en tres de cuatro estudios sobre robo de vehículos y en tres de cinco estudios sobre atracos en la calle.

Por otro lado, James M. Tien y su equipo, llevaron a cabo un proyecto de investigación en Estados Unidos en 1979, acerca de los efectos de la iluminación sobre la criminalidad. Para ello, pretendían evaluar un total de ciento tres calles donde el alumbrado público se había mejorado.

Por desgracia, sólo pudieron incluir quince calles en el informe final, debido a que Tien observó que los resultados del análisis no eran claros ni concluyentes porque los proyectos de mejora del alumbrado estudiados, estaban basados en diseños pobres o no contaron con un análisis anterior basado en datos rigurosos, los niveles de luz previos y posteriores a la mejora se midieron de forma deficitaria, y además, los datos acerca de la criminalidad en las calles objeto de estudio sólo se obtuvieron a partir de estadísticas policiales.

Tien y su equipo consideraron que los datos con los que contaban para realizar la investigación no cumplían unos requisitos mínimos desde el punto de vista científico y eran cualitativamente insuficientes, por lo que decidieron reducir significativamente el número de calles analizadas.

El trabajo de Tien y sus colegas marcó un triste episodio en la historia de la Criminología Ambiental americana, dado que la crítica que este equipo realizó sobre la forma de implementar los proyectos de prevención criminal y la manera en que se confeccionaban las estadísticas criminales, no sólo no llevó a mejorar dichos aspectos, sino que se saldó con la lectura errónea de la investigación: gran parte de la comunidad criminológica concluyó que la iluminación no tenía ningún efecto sobre el crimen.

Desde entonces, los estudios sobre esta materia en Estados Unidos sufrieron un considerable estancamiento, así como una pérdida de credibilidad.

El caso de Tien y su equipo nos recuerda la importancia de trabajar con datos fiables y completos, hecho que resaltaron entre las conclusiones de su informe, alegando que la elaboración de estadísticas criminales no debe hacerse exclusivamente mediante la recogida de datos policiales, sino también por medio de encuestas de victimación, entrevistas u otro tipo de investigaciones criminológicas que se basen en un método científico.

Entre los más acérrimos defensores de la teoría que relaciona iluminación y tasas de criminalidad encontramos a Lawrence J. Fennelly, ya que en su libro, "*Loss Prevention and Crime Prevention*" (1982:96), se muestra convencido de que "la luz es el elemento disuasorio más efectivo contra el crimen, incluso por sí mismo".

En otra de sus publicaciones (1996:38), pone un ejemplo un tanto extremo sobre el tema que nos ocupa:

> ¿Qué ocurriría si apagásemos todas las luces de una ciudad? No hace falta ser muy inteligente para saber que sería un caos y que ese acto conllevaría la creación de un entorno totalmente inseguro: los ciudadanos no saldrían de sus casas y habría un repunte asombroso de robos y vandalismo; las zonas comerciales serían saqueadas y los delitos contra la propiedad se dispararían hasta alcanzar tasas incontrolables. Por supuesto que la seguridad y la iluminación están relacionadas.[5]

En la misma publicación, Fennelly cita una serie de ciudades donde se llevaron a cabo planes de mejora del alumbrado público, y como consecuencia se redujeron el vandalismo, los robos en viviendas y comercios, los crímenes en las calles, así como las tasas de criminalidad en general.

Por desgracia, el autor no pudo aportar las fuentes de dichos planes de mejora por no estar documentados o no contar con una metodología o estudio de base, con lo que sus investigaciones cayeron pronto en el olvido.

La teoría que defiende que la iluminación puede reducir las tasas de criminalidad también cuenta con detractores, y seguramente el más significativo sea Stephen Atkins, que junto con un equipo de investigadores publicó un extenso estudio al respecto en 1991, siendo hasta el momento, el más completo sobre esta materia realizado en Gran Bretaña.

En 1985, Atkins y sus colaboradores analizaron los datos de criminalidad de Wandsworth, un barrio londinense donde se mejoró la iluminación con fines de prevención criminal.

Tras evaluar los datos anteriores y posteriores a la mejora del alumbrado público, llegaron a la conclusión de que, en general, las tasas de criminalidad no habían variado, a excepción de algunos delitos que sí se registraron en menor medida durante la noche.

Atkins y sus colegas determinaron que el cambio había sido insignificante, si bien cabe destacar que el objetivo general del estudio era determinar si se podía reducir el crimen mediante luz no dirigida; esto es lo contrario de lo que Kate Painter recomienda en sus investigaciones sobre el tema, lo cual llevó a pensar a otros criminólogos que Atkins intentaba evidenciar a través de su trabajo, que Painter se equivocaba.

Más allá de la rivalidad entre estos dos investigadores, el cambio *insignificante* en las tasas de criminalidad que Atkins y su equipo observaron en los resultados de su análisis, es ni más ni menos que de un 14,45%, lo cual indica que, en cierto modo, la conclusión del estudio está viciada.

A continuación se puede observar una tabla obtenida del informe de Atkins (1991:9), que muestra los resultados estadísticos del estudio.

Table 2: Reported crimes in all re-lit zones one year before and one year after re-lighting by crime type groupings

Susceptibility to street lighing	Before			After			RPC'	SIG²
	Day	Dark	Don't know	Day	Dark	Don't know		
Likely	1419 (27%)	2097 (40%)	1722 (33%)	1166 (27%)	1676 (39%)	1446 (34%)	-2.7%	No
Possible	800 (43%)	522 (28%)	542 (29%)	788 (45%)	518 (30%)	447 (25%)	+0.7%	No
Unlikely	192 (51%)	113 (30%)	73 (19%)	192 (54%)	86 (24%)	80 (22%)	-23.9%	No
All crimes	2411 (32%)	2732 (37%)	2337 (31%)	2146 (34%)	2280 (36%)	1973 (31%)	-6.3%	No

Notes.
1. Relative percentage change in dark c.f. day (see Appendix E).
2. Statistical significance by Chi-squared test (values above 90% significance are reported).

Se establecieron tres categorías para los crímenes, atendiendo al grado de influencia que los investigadores consideraron que tenía la luz en su comisión:

- *Likely*: Crímenes cuya comisión parece estar muy influenciada por la luz.

- *Possible*: Crímenes cuya comisión pudo haber estado influenciada por la luz.

- *Unlikely*: Crímenes cuya comisión no parece haber estado influenciada por la luz.

Además, se establecieron tres categorías para diferenciar el momento del día en el que se registraban los crímenes: día (*Day*), noche (*Dark*) y sin determinar (*Don't Know*).

En la fila *All crimes*, se puede observar el cómputo total de crímenes de cada categoría (día, noche o indeterminado), además del momento en que fueron recabados los datos, antes de la mejora en el alumbrado (*Before*) y después (*After*).

Si se suma el número total de crímenes registrados antes de la mejora (2.411 + 2.732 + 2.337), se obtiene un total de 7.480 crímenes cometidos; y si se suman los crímenes registrados tras la mejora (2.146 + 2.280 + 1.973), se obtiene un total de 6.399 crímenes, es decir, 1.081 crímenes menos que antes de cambiar el alumbrado público (un 14,45% menos).

Existe un dato importante en el informe de Atkins y sus colaboradores que no se tuvo en cuenta a la hora de establecer las conclusiones, y es que la mejora en la iluminación se hizo de forma generalizada, aún cuando los problemas de criminalidad estaban localizados en zonas muy concretas del barrio estudiado.

Por otro lado, no hicieron mención del efecto que tuvo la mejora de la iluminación sobre los crímenes que se cometían durante el día, que como se puede observar en la tabla, es también relevante (de 2.411 a 2.146).

Obtener la respuesta definitiva acerca de la relación entre iluminación y criminalidad sería prácticamente imposible, pero es posible aproximarse a ella conociendo el mayor número posible de investigaciones sobre el tema y analizando tanto su metodología como sus resultados.

David P. Farrington y Brandon C. Welsh, intentaron llegar a una conclusión clara sobre este asunto llevando a cabo un meta-análisis en el que examinaron los resultados obtenidos por trece estudios y proyectos en materia de prevención criminal mediante la iluminación mejorada.

Su informe, publicado por primera vez en 2002, analiza los principales estudios en esta materia llevados a cabo en Reino Unido y Estados Unidos, que al mismo tiempo son algunos de los más recomendables a la hora de documentarse sobre este tema.

En las siguientes tablas[6] se pueden observar los diferentes estudios analizados.

Estudios analizados llevados a cabo en Estados Unidos:

Investigaciones	Lugar e incremento de la luz	Otras intervenciones
Comisión Regional de Atlanta 1974 - Atlanta, Georgia	Centro de la ciudad x4	No
Dpto. intergubernamental de Coordinación Fiscal 1974 - Milwaukee, Wisconsin	Área comercial y residencial x7	No
Inskeep y Goff 1974 - Portland, Oregon	Barrio residencial (alta criminalidad) x2	No
Wright y otros 1974 - Kansas City, Misuri	Área comercial y residencial Sin datos	No
Policía de Harrisburg 1976 - Harrisburg, Pensilvania	Barrio residencial Sin datos	No
Sternhell 1977 - Nueva Orleans, Luisiana	Área comercial y residencial Sin datos	No
Lewis y Sullivan 1979 - Forth Worth, Texas	Barrio residencial x3	No
Quinet y Nunn 1998 - Indianapolis, Indiana	Barrio residencial x3	Iniciativas policiales

Criminalidad medida y momento del día	Seguimiento	Resultados
Atracos, robos en viviendas y agresiones. Día y noche	12 meses	Efectos deseados
Delitos contra la propiedad y contra las personas. Día y noche	12 meses	Efectos deseados
Atracos, robos en viviendas y agresiones. Noche	6 a 11 meses	Sin efectos
Delitos contra la propiedad y crímenes violentos. Noche	12 meses	Efectos deseados en crímenes violentos
Delitos contra la propiedad y crímenes violentos. Noche	12 meses	Sin efectos
Robos en viviendas, agresiones y robos de vehículos. Noche	29 meses	Sin efectos
Criminalidad en general. No especificado	12 meses	Efectos deseados
Avisos a la Policía. No especificado	7 a 10 meses	Sin efectos

Ningún proyecto a excepción del llevado a cabo en Indianapolis, tuvo en consideración otras medidas de prevención criminal además de la iluminación mejorada.

Por otro lado, los datos de criminalidad que se tuvieron en cuenta para desarrollar los diferentes proyectos, son muy variados, pero por desgracia todos están basados únicamente en estadísticas policiales, por no hablar del estudio de Indianapolis, que ni siquiera registró datos referentes a la criminalidad de la zona, sino sólo los avisos a la policía (algunos de ellos no tenían relación directa con una actividad estrictamente criminal, como ciertos problemas de convivencia entre vecinos).

El 50% de los proyectos analizados tuvieron efectos beneficiosos en lo que a reducción de la criminalidad se refiere.

Un dato a resaltar es el hecho de que sólo dos de los ochos estudios realizados tuvieron en cuenta la criminalidad que tenía lugar tanto de día como de noche, y resulta llamativo que sean dos de los estudios que obtuvieron efectos beneficiosos a la hora de reducir la criminalidad (Atlanta y Milwaukee).

Como curiosidad añadida, puede observarse que en el análisis de Farrington y Welsh, no aparece, entre los estudios americanos, el llevado a cabo por Tien y su equipo (1979), pero sí puede advertirse una ausencia de macro-estudios sobre iluminación y criminalidad desde 1979 hasta 1998, hecho que puede explicarse con el anteriormente citado "fracaso" de la investigación de James Tien.

Estudios analizados llevados a cabo en Gran Bretaña:

Autor de la investigación, Fecha y lugar	Lugar de la intervención e incremento de la luz	Otras intervenciones
Poyner 1991, Dover	Garaje no soterrado (centro de la ciudad) Sin datos	Vallado y construcción de una oficina
Shaftoe 1994, Bristol	Barrio residencial x2	No
Poyner y Webb 1997, Birmingham	Mercado (centro de la ciudad) Sin datos	No
Painter y Farrington 1997, Dudley	Urbanización local x2	No
Painter y Farrington 1999, Stoke-on-Trent	Urbanización local x5	No

Criminalidad medida y momento del día	Seguimiento	Resultados
Robos de vehículos y de objetos en vehículos. Día y noche	24 meses	Efectos deseados en robo de vehículos
Criminalidad en general. Día y noche	12 meses	Efectos deseados
Robos. Día y noche	12 meses (6 antes y 6 después)	Efectos deseados
Criminalidad en general. Día y noche	12 meses	Efectos deseados
Criminalidad en general. Día y noche	12 meses	Efectos deseados

Hay varios datos que contrastar con las investigaciones llevadas a cabo en Estados Unidos, aunque a primera vista se puede resaltar que los macro-estudios británicos sobre iluminación y criminalidad, se llevan a cabo durante los años noventa (más de veinte años después que los estudios americanos, a excepción del de Quinet y Nunn).

Todos los estudios británicos midieron la criminalidad diurna y nocturna, y los periodos de observación tras la mejora de la iluminación fueron algo más prolongados que los de los americanos (un año como mínimo).

A la hora de medir la criminalidad, dos de los estudios británicos (Dudley y Stroke-on-Trent) tuvieron en cuenta, además de las estadísticas policiales, datos obtenidos mediante encuestas anónimas de victimación; el resto de estudios midió la criminalidad sólo mediante datos recogidos por la policía.

En el análisis de estudios británicos destaca el proyecto Dudley como el más riguroso: Painter y Farrington no sólo realizaron encuestas anónimas de victimación, sino que evaluaron el impacto de la mejora de la iluminación ayudándose de encuestas que recogían datos de delincuencia denunciada por los jóvenes de la zona, estudios independientes sobre el miedo al delito de los residentes, e informes de victimación de personas jóvenes.

Cuatro de los cinco estudios llevados a cabo obtuvieron los efectos deseados.

Sólo en el estudio de Dover se obtuvieron resultados más moderados pese a que se instaló una valla para restringir el paso de personas no autorizadas al garaje y se construyó una oficina junto al acceso principal; se redujo el robo de vehículos pero no el robo de objetos del interior de los mismos.

Al igual que ocurre con el análisis de las investigaciones americanas, donde no se incluye a Tien, el análisis de las investigaciones británicas omite el trabajo de Atkins.

Si bien su estudio sobre iluminación y criminalidad se remonta al año 1985, todavía hoy está considerado como uno de los macro-estudios británicos más importantes acerca de esta materia.

¿Tuvo algo que ver en esa omisión su demostrada enemistad con Painter (habitual colaboradora de Farrington) o su crítica visión acerca de reducir el crimen mediante la iluminación?

Con el meta-análisis de 2002 de Farrington y Welsh, se cerró un nuevo ciclo en lo que a investigaciones sobre iluminación y tasas de criminalidad se refiere.

Desde entonces, en Europa no se han vuelto a desarrollar macro-estudios sobre el tema ni se ha llegado a una conclusión clara acerca de porqué la iluminación puede ayudar a reducir el crimen.

Lo que sí parece haber quedado claro en líneas generales (mayormente gracias a los estudios británicos), es la importancia de la luz como un elemento más a tener en cuenta, tanto en el ámbito de la seguridad ciudadana, como en el de la lucha contra el crimen.

Consideraciones sobre las investigaciones previas

3. Consideraciones sobre las investigaciones previas

Es evidente que existe una buena base para estudiar la relación entre iluminación y criminalidad desde un punto de vista criminológico, y que este tema ha interesado a numerosos investigadores a lo largo de las últimas décadas.

Todas las investigaciones que se han expuesto en el apartado anterior pueden clasificarse en base a sus enfoques explicativos, en dos grandes grupos:

- Aquellas que se basan en una teoría pro Criminología Ambiental: la mejora en la iluminación aumenta la vigilancia natural y reduce las oportunidades de delinquir, así como los beneficios de hacerlo.

- Aquellas que se basan en una teoría pro control social informal: la mejora en la iluminación aumenta el sentimiento de pertenencia a la comunidad y el orgullo ciudadano.

Cabe preguntarse si la teoría pro control social informal es aplicable a todos los grupos poblacionales, o por el contrario, su explicación sólo funciona en aquellas comunidades estables cuya población es más homogénea (barrios con vecinos muy asentados y que son más parecidos entre sí en lo que a características físicas, morales, culturales, etc., se refiere).

Si las investigaciones que se basan en esta teoría se llevasen a cabo en barrios con una población más heterogénea o con altos índices de movilidad (habitantes que se mudan con más frecuencia), ¿cabría esperar el mismo sentimiento de pertenencia a la comunidad?

Esta parece una interesante cuestión que además puede fundamentarse en las teorías criminológicas de Park, Thomas y Znaniecki, o Weber.

Aunque muchas de las investigaciones realizadas han conseguido reducir la criminalidad mediante el uso inteligente de la luz, ninguna de ellas ha concluido qué teoría explica esa reducción de las tasas de criminalidad, por lo que, tras el último gran estudio sobre esta materia (Farrington y Welsh, 2002), la respuesta a esta cuestión se encuentra de nuevo en un punto muerto.

No obstante, de todos los trabajos anteriormente desarrollados se pueden extraer importantes observaciones, y por supuesto, se puede aprender de sus errores.

A continuación se exponen algunas recomendaciones a tener en cuenta a la hora de llevar a cabo investigaciones o proyectos que impliquen el uso de iluminación mejorada con fines de prevención criminal:

1. Evaluar los efectos de la iluminación mejorada durante un periodo mínimo de doce meses (antes y después del cambio).

Algunos de los estudios americanos que concluyeron sin los efectos deseados, tuvieron un tiempo de evaluación insuficiente.

Es recomendable estudiar antes y después durante un año completo la zona objeto del proyecto a fin de obtener datos de las cuatro estaciones, ya que la tasa de criminalidad o la incidencia de determinados crímenes, pueden presentar importantes variaciones durante las diferentes épocas del año.

A la hora de evaluar la nueva iluminación de una zona con el objetivo de averiguar si realmente ha resultado efectiva, es recomendable dejar pasar un breve periodo de tiempo tras el cambio.

Algunos estudiosos del tema, como Ken Pease, sugieren comenzar a analizar sus efectos entre uno y dos meses después.

2. Medir la criminalidad de la forma más rigurosa posible.

Una buena investigación criminológica debe valerse no sólo de estadísticas policiales, sino también de datos obtenidos mediante encuestas anónimas de victimación, estudios independientes sobre el miedo al delito, entrevistas personales, etc.

Es recomendable obtener los datos siguiendo la misma metodología tanto durante la fase previa a la mejora de la iluminación, como durante la fase posterior, para poder evaluar sus efectos con una mayor objetividad.

La investigación más rigurosa en este sentido sobre la relación entre alumbrado público y criminalidad, fue el Estudio Dudley (Painter y Farrington, 1997).

Además de lo anterior, es de vital importancia medir tanto la criminalidad nocturna como la diurna, ya que varias investigaciones han demostrado que la iluminación mejorada tiene incidencia sobre las tasas de criminalidad de ambos momentos del día.

3. Detectar puntos calientes (hot spots).

Aumentar la iluminación en general, no siempre ayuda a reducir la criminalidad, y es por eso que algunos autores insisten en su aplicación estratégica y de forma dirigida.

Los puntos calientes de una determinada zona se pueden detectar debido a la existencia de una actividad criminal persistente y notablemente concentrada; son el equivalente en materia de criminalidad a los puntos negros de nuestras carreteras.

Es en esos puntos calientes donde se debe prestar una mayor atención a la hora de usar la iluminación con fines de prevención criminal, principalmente porque dicha concentración de la criminalidad es un aviso claro de que algo falla en esa zona.

Esos mismos puntos se usan en planes de prevención criminal que emplean estrategias de diseño ambiental, y los criminólogos M. Ramsey y R. Newton se refieren a ellos en sus trabajos como *"black spots"*.

4. Establecer áreas de control y áreas adyacentes.

Todas las investigaciones analizadas compararon los datos de criminalidad recogidos antes y después de la mejora en la iluminación, con datos de otras áreas de la ciudad.

A la hora de llevar a cabo una investigación sobre el tema

que nos ocupa, es recomendable definir de manera clara tres zonas:

- Área experimental: zona donde se mejora la iluminación con fines de prevención criminal.

- Área adyacente: zona colindante al área experimental. Es importante a fin de estudiar un posible desplazamiento de la criminalidad.

- Área de control: zona alejada del área experimental, pero de similares características ambientales y poblacionales.

Con los datos relativos a la criminalidad de las tres zonas se pueden observar más fácilmente las posibles mejoras en el área experimental, así como realizar análisis criminológicos prospectivos para aplicar una solución similar a otros barrios de la ciudad.

Las medidas recomendadas en el punto anterior (3) deben aplicarse igualmente al área adyacente y al área de control.

Por otro lado, el estudio de las áreas adyacente y experimental es de vital importancia a la hora de detectar y evaluar dos fenómenos que afectan directamente a la criminalidad:

- El desplazamiento: los criminales que actúan en el área experimental pueden percibir las nuevas medidas y decidir trasladar su actividad a otra zona, que normalmente es cercana al domicilio. Dependiendo de las circunstancias de cada caso, esto se puede traducir en un incremento de la actividad criminal en un área adyacente (desplazamiento de la criminalidad), o en todo lo contrario (desplazamiento de beneficios), puesto que algunos criminales que actúan en el área experimental sin ser necesariamente residentes de la misma, pueden no saber con certeza dónde termina la zona donde se ha mejorado la iluminación, con lo que no se arriesgan a aventurarse en las áreas adyacentes.

- La difusión: algunos criminales se adaptan a la nueva situación reduciendo la frecuencia con la que actúan, delinquiendo a otros horarios o dedicándose a otras actividades no necesariamente delictivas, que es la solución preferida por la mayoría de ellos frente a la del desplazamiento, según un estudio llevado a cabo en 2006 por Anthony A. Braga y David L. Weisburd[7].

5. Realizar un estudio económico:

Aunque el principal objetivo de estos proyectos e investigaciones es determinar si se puede mejorar la seguridad y reducir la criminalidad de una zona empleando la luz de manera inteligente, no hay que ignorar la relación coste-beneficio.

Conviene realizar un estudio que contemple cómo va a

afectar la mejora en la iluminación a la economía (impuestos, gasto energético, etc.), así como intentar responder a preguntas como si se va a generar un ahorro en medidas de seguridad mediante esta estrategia.

Para realizar un estudio económico completo hay que tener en cuenta dos tipos de coste:

- El de la iluminación: es relativamente sencillo de calcular porque se tienen en cuenta cantidades precisas fácilmente constatables mediante presupuestos (coste de farolas, instalación eléctrica, lámparas, consumo en vatios por hora, etc.)

- El generado por la criminalidad del área experimental: es bastante más complejo de determinar porque no sólo hay que calcular el coste para la víctima directa, (valor de lo sustraído, tratamiento médico, etc.) sino también lo que supone económicamente para la Justicia, la policía, el Ayuntamiento, los vecinos o comerciantes de la zona, etc.

De todas las investigaciones analizadas por Farrington y Welsh, sólo dos (Dudley y Stoke-on-Trent) incluyeron un estudio económico, y ambas concluyeron que el ahorro generado por la reducción de la criminalidad había sido mucho mayor que la inversión en la nueva iluminación.

6. Usar otras medidas de prevención.

Aunque algunos estudiosos de este tema se muestran muy optimistas respecto a la capacidad de la iluminación para reducir la criminalidad, no por ello dejan de recomendar que esta técnica se utilice estratégicamente junto a otras medidas de prevención criminal.

Sería interesante observar cómo influye la iluminación mejorada en áreas que ya cuentan con sistemas como cámaras de seguridad o vigilancia personal, así como comparar áreas donde sólo exista una de las mencionadas medidas con otras donde sólo se haya implementado la iluminación como medida de prevención de la criminalidad.

Por otro lado, el investigador Ken Pease recomienda tener en cuenta el diseño ambiental y no olvidar que la criminalidad no se encuentra repartida homogéneamente, sino que tiende a concentrarse en determinadas zonas que ofrecen mayores oportunidades y menores riesgos para los delincuentes.

7. Establecer una metodología.

Una lectura constructiva que puede hacerse acerca de la experiencia de Tien y su equipo de investigadores, es que es necesaria una metodología general aplicable a todos los proyectos que pretendan reducir la criminalidad mediante la iluminación.

De haber existido un criterio unificado de medición de la criminalidad y unos parámetros básicos para analizar el impacto de la iluminación mejorada antes y después de su implantación, muy probablemente Tien no se habría encontrado con datos de naturaleza tan dispar -y por tanto no comparables-, y habría podido realizar la investigación que perseguía.

Al no existir en España una tradición en investigación criminológica como la de los países anglosajones, y menos aún, una base de estudios científicos sobre la relación entre iluminación y criminalidad, sería conveniente establecer una serie de recomendaciones a seguir a la hora implantar cualquier proyecto de prevención criminal que implicase el uso inteligente de luz.

Una metodología general que tuviese en cuenta algunas de las recomendaciones de este apartado, podría comenzar a asentarse con la llegada de los primeros estudios sobre iluminación y criminalidad, con el fin de establecer en nuestro país un criterio metodológico homogéneo que permitiera comparar los resultados de investigaciones y proyectos sobre esta materia, así como estudiar en retrospectiva sus resultados en un futuro.

Iluminación y Criminología ambiental

4. Iluminación y Criminología ambiental

La Criminología Ambiental es aquella rama de la Criminología que estudia el uso que hacen del espacio tanto criminales como víctimas, aunque también se interesa por esquemas de comportamiento que se pueden observar en otros ámbitos, como el del tráfico, y naturalmente, por el diseño de las calles.

Los especialistas en esta materia trabajan principalmente con patrones comportamentales relacionados con la criminalidad, por lo que suelen emplear mapas donde se representan geográficamente los crímenes cometidos en un área determinada, de ahí que en ciertas ocasiones, se relacione a esta rama de la Criminología con la perfilación geográfica.

Es precisamente gracias al desarrollo de la Criminología Ambiental que han surgido las teorías de la prevención del crimen mediante el diseño ambiental o CPTED (*Crime Prevention Through Environmental Design*).

Dentro de esta concepción más específica, la Criminología Ambiental sugiere que las tasas de criminalidad se pueden reducir con medidas de prevención que empleen el ambiente de manera inteligente para afectar de forma directa a la percepción del delincuente, lo que para él se traduce en un aumento del riesgo a ser descubierto y en una reducción de las oportunidades para delinquir.

Volviendo al tema que nos ocupa, puede decirse que la iluminación cumple una doble función en materia de prevención criminal:

> - Aumentar durante la noche la visibilidad de posibles asaltantes por parte de otras personas.

- Hacer partícipes a los vecinos de la zona de la seguridad de su barrio, pues aumentan las posibilidades de vigilancia natural por parte de éstos.

A lo anterior se puede añadir que la mejora de la iluminación de una determinada zona no sólo disuade de delinquir a aquellos criminales que viven en ella (miedo a ser visto o reconocido), sino que también disuade de desplazarse al área a los criminales que viven fuera.

Hay trabajos que van más allá a la hora de exponer las ventajas de usar la iluminación para prevenir la criminalidad, como el artículo científico publicado por Kelling y Wilson en 1982, donde defienden que la iluminación correcta de las calles puede desalentar las conductas desordenadas, lo que hace que los pequeños delitos no se traduzcan en crímenes más serios en el futuro, es decir, frustra las escaladas criminales.

Los criminólogos más críticos han argumentado que una mayor iluminación puede suponer más dificultades para delinquir, pero por otro lado, anima a más víctimas potenciales a salir de noche.

Para responder a esta cuestión conviene apuntar que ese aumento de potenciales víctimas se compensa con la presencia de más personas en las calles a horas nocturnas, que pueden actuar como testigos; se establece así un equilibrio en el que los encargados de aplicar un control social informal (vigilancia natural) son los propios ciudadanos.

A este respecto también se puede recurrir a la teoría de Jane Jacobs, que expone mediante un interesante trabajo sobre prevención ambiental de la criminalidad (1961), la existencia de una relación directa entre la tasa de delitos de una zona y el uso público de sus calles, por lo que es menos probable que se delinca en áreas con un mayor número de testigos potenciales.

En cuanto al control social informal, puede decirse que es otro de los beneficios del uso de la iluminación con fines de prevención criminal, puesto que lo llevan a cabo los vecinos de cada área de la ciudad, y un alumbrado público bien diseñado refuerza su sentimiento de seguridad, al mismo tiempo que hace crecer las posibilidades de vigilancia natural.

Por regla general, los vecinos de los barrios bien iluminados tienen una mejor opinión de sus zonas y una visión más positiva acerca del ambiente que les rodea, lo que hace que se sientan más orgullosos del lugar en el que viven y tengan un mayor sentimiento de pertenencia a la comunidad; esto aumenta su interés por cuidar y vigilar su barrio (refuerzo territorial).

La iluminación inteligente de las calles también puede ayudar a reducir la criminalidad al ser eliminadas zonas oscuras donde pueden esconderse posibles asaltantes a la espera de una víctima (atracadores, agresores sexuales,...), pero también ayuda a las víctimas potenciales a detectar a distancia a un agresor, por lo que tienen más tiempo para reaccionar.

En definitiva, la iluminación adecuada puede reducir el riesgo del ciudadano a ser atacado por sorpresa, así como las oportunidades del criminal para esconderse.

La relación entre alumbrado público y tasas de criminalidad existe, aunque no siempre se trata de algo directo.

Puede decirse que la iluminación es mas bien una medida que influye sobre factores como la visibilidad o la vigilancia natural, además de las oportunidades para delinquir, aspectos que sí están directamente relacionados con la criminalidad.

Los riesgos y oportunidades que evalúan y tienen en cuenta los criminales a la hora de delinquir, se ven directamente afectados por los factores ambientales, que pueden modificarse, por ejemplo, mediante el alumbrado urbano.

Las características ambientales también ejercen una gran influencia sobre la actitud de los ciudadanos residentes de cada zona, por lo que la relación vecino-criminal puede modificarse mediante la iluminación: el vecino se siente más seguro y dispuesto a vigilar su barrio, mientras que el delincuente debe asumir más riesgos a a la hora de delinquir, al mismo tiempo que encuentra menos oportunidades para hacerlo.

Así es como se establece el control social informal, que puede incrementarse de forma directa con una iluminación mejorada.

Aunque todas las zonas de una ciudad presentan actividad criminal en mayor o menor medida, hay que prestar una mayor atención a los anteriormente citados puntos calientes, que presentan una especial concentración de criminalidad que se produce de forma continuada (por ejemplo, el menudeo de droga).

Esto nos lleva a destacar la evidente relación entre la iluminación y la CPTED, si bien antes hay que conocer los tres enfoques desde los cuales puede explicarse la prevención del crimen mediante el diseño ambiental:

4.1. El enfoque de Jeffery

Clarence Ray Jeffery acuñó el término *"Crime Prevention Through Environmental Design"* en el libro que lleva el mismo nombre, publicado en 1971.

En esta publicación, criticó el hecho de que los sociólogos y criminólogos apenas tuvieran en cuenta los factores biológicos y medioambientales a la hora de explicar las causas del crimen, esto es, les achacó una visión parcial del fenómeno de la criminalidad, en la que predominaban las explicaciones causales que atendían a factores sociales y subculturales.

Jeffery abogaba por un modelo de prevención criminal basado en contrarrestar los factores biológicos del crimen (como una alta exposición al plomo, que puede causar daños cerebrales[8]), así como en reducir las oportunidades ambientales para delinquir.

Su libro y sus teorías no tuvieron una buena acogida por parte de la comunidad criminológica estadounidense, que consideró una ofensa la mera mención de las explicaciones biologicístas.

4.2. El enfoque de Newman

El arquitecto estadounidense Oscar Newman, publicó en 1972 un libro titulado *"Defensible space: Crime Prevention Through Urban Design"*, donde expone su teoría del "espacio defendible".

Newman explica las altas tasas de criminalidad de principios de los 70, haciendo referencia al pobre diseño de los proyectos de construcción municipales: critica el descomunal tamaño y la falta de humanidad de las construcciones, los enormes bloques de viviendas que dificultan a los vecinos conocerse entre sí y reconocer a los extraños, así como la proyección de urbanizaciones en barrios conflictivos.

Al igual que las teorías de Jeffery, su trabajo fue duramente criticado por los criminólogos, que le tacharon de determinista ambiental, así como de comparar el comportamiento humano con el comportamiento territorial de algunas especies animales.

4.3. El enfoque de Mayhew y Clarke

Patricia Mayhew y Ronald V. Clarke, dos criminólogos recientemente galardonados con el XV Premio de Criminología de la Universidad de Estocolmo, abogan por la llamada prevención situacional del crimen o SCP (*Situational Crime Prevention*).

A diferencia de la CPTED original y la teoría del espacio defendible, este modelo de prevención de la criminalidad no se centra únicamente en el diseño ambiental, la arquitectura o aquellos delitos que tienen relación con la propiedad, sino que está enfocado a una criminalidad mucho más amplia, que va desde la violencia intrafamiliar hasta el fraude, pasando por los delitos contra la seguridad vial o las actitudes predatorias de ciertos agresores sexuales.

La SCP ha añadido a la otrora criticada CPTED, el enfoque social que le faltaba, lo cual ha hecho que las actuales teorías de prevención de la criminalidad mediante el diseño ambiental, sean mucho más respetadas que las pioneras, al mismo tiempo que se está generando una nueva tendencia que cada día abrazan más criminólogos.

Por lo tanto, la relación entre iluminación y CPTED, queda patente gracias a las teorías de la SCP, dado que la luz afecta de manera directa a dos factores de los que se ocupa precisamente la prevención situacional del crimen: el riesgo que implica delinquir y la recompensa por hacerlo.

La SCP trata de modificar el ambiente de manera que la recompensa por delinquir sea menor, y el riesgo a ser visto y/o capturado sea mayor, por lo que una estrategia combinada de prevención primaria y modificación inteligente de los entornos urbanos -sin dejar de lado las características sociales de cada zona-, parece una solución eficaz para los problemas de criminalidad.

Lo ideal para cualquier país sería que sus ciudadanos no sintieran impulsos de delinquir, y que si lo hiciesen, no tuvieran la oportunidad de llevar a cabo sus planes.

El propio Atkins reconoció que una mejor iluminación, junto con estrategias típicas de la SCP, resulta de utilidad para reducir las oportunidades de delinquir, así como para aumentar las probabilidades de detectar y/o detener a un infractor.

Una de las características principales de la prevención situacional del crimen es el hecho de estar formada por una serie de estrategias específicas, es decir, la SCP no se aplica de cualquier manera, sino mediante un enfoque dirigido, adaptándola a las circunstancias particulares de cada caso.

Es por ello por lo que la iluminación que se aplique junto con estrategias de prevención situacional del crimen, no puede consistir simplemente en un aumento generalizado de luz, sino que debe usarse de forma inteligente y selectiva, al igual que se usa la SCP.

El motivo de ésto es que no en todas las situaciones el incremento generalizado de luz va a ser efectivo, e incluso hay circunstancias muy particulares en las que un uso abusivo de la luz puede resultar ventajoso para un agresor.

Cada contexto problemático al que queramos aplicar una estrategia SCP o una mejora del alumbrado debe analizarse de forma independiente, buscando que la solución o soluciones propuestas impliquen un aumento del riesgo y el esfuerzo para el criminal, y una reducción de las recompensas que puede obtener mediante la comisión del hecho delictivo; además, hay que proveer a las potenciales víctimas de medidas que operen en su beneficio, como una mayor vigilancia natural o una mayor capacidad de reacción en caso de ser atacadas.

Patricia Mayhew también trató la iluminación callejera en algunos de sus artículos de divulgación, si bien expuso el tema desde el punto de vista de la vigilancia natural.

Uno de sus principales argumentos a favor de la iluminación con fines de prevención criminal, radica en que la luz no sirve de nada por sí sola; la iluminación no es más que un catalizador para la vigilancia natural, sin la cual no cabría seguridad posible.

De esta idea puede concluirse que de nada sirve tener las calles muy bien iluminadas para que los vecinos las vigilen, si cuando alguien está en peligro nadie alerta a la policía o acude en su ayuda (véase el triste caso de Kitty Genovese).

Este es otro ejemplo de cómo hay que usar la iluminación con inteligencia y en combinación con otras medidas, y en el caso expuesto por Mayhew, quizá convendría concienciar a los vecinos de la zona acerca de lo importante que es la participación comunitaria activa en materia de prevención criminal, lo cual vuelve a enfatizar la idea de que la iluminación combinada con otras estrategias, tiene mayores probabilidades de ayudar a reducir la criminalidad.

En cuanto a la visión de la prevención del crimen mediante el diseño ambiental, ésta también aboga por tener en consideración la iluminación, dado que su deficiencia en zonas con poca vigilancia o lugares aislados a determinadas horas, puede alentar conductas criminales, convirtiéndose así la luz, en un factor de riesgo.

Existen algunos aspectos importantes que conviene conocer a la hora de evaluar la iluminación de una zona desde el punto de vista de la CPTED, como por ejemplo, los mensajes que, indirectamente, se transmiten con la luz a las personas: la luz intensa puede entenderse como un "está abierto", mientras que la ausencia de luz da a entender un "está cerrado".

Esto sucede especialmente en locales o comercios, pero mientras que la iluminación intensa en horario nocturno tiene su razón de ser en lugares como las oficinas bancarias, existen situaciones en las que no se emplea correctamente.

Un ejemplo en el que no es recomendable abusar de la luz podría ser el de un parque con horario de apertura y cierre, ya que usar la luz de forma excesiva fomenta la presencia de personas incluso a altas horas de la madrugada, lo cual no suele ser deseable.

El uso indiscriminado de luz es una forma indirecta de decirle a las personas que, aunque sea de noche y no sean bienvenidas a esas horas, pueden permanecer en la zona.

Hay casos típicos, aunque no exclusivos de nuestro país, que ilustran bien los efectos indeseados de un uso excesivo de iluminación, como es el de aquellas personas que hacen un mal uso de las zonas recreativas de los parques infantiles por la noche (vandalismo), o el de aquellas que utilizan aparcamientos u otros espacios públicos como lugares de reunión u ocio (botellón).

Así, si un parque que cierra a una determinada hora no deja claro mediante los mensajes que manda a través de su alumbrado que va a cerrar en breve o que está cerrado, hay personas que pueden permanecer en su interior cuando no deberían (parejas en busca de intimidad), alentando a delinquir a sujetos que buscan la oportunidad para ello (atracadores o agresores sexuales).

Hoy en día existe tecnología lo suficientemente avanzada como para hacer uso de temporizadores y sensores de movimiento y/o calor, que pueden convertir las farolas en farolas inteligentes.

En el caso del parque, esto no sólo reduciría el coste de su iluminación, sino que también mandaría el mensaje adecuado a los viandantes que no debieran estar allí a horas intempestivas.

Una luz tenue sería suficiente para indicar que está cerrado, y usando un sensor de movimiento podría aumentarse su intensidad temporalmente cada vez que fuera necesario como si de una alarma visual se tratase, lo cual indicaría que alguien se encuentra en las inmediaciones.

En definitiva, estas farolas inteligentes podrían comunicarse visualmente con el ciudadano, indicándole que está cerrado al reducir la intensidad de su luz, al mismo tiempo que le posibilitan circular sin riesgos innecesarios, activándose sólo cuando detectan su movimiento o el de otra persona, funcionalidad que también disuade de deambular por el parque de noche por miedo a ser visto.

Los sensores de movimiento y/o calor, permiten ver, incluso desde lejos, en qué lugar del parque hay actividad humana cuando no debería, de forma que si el recinto cuenta con un vigilante de seguridad, éste puede detectar una intrusión rápidamente.

Por otro lado, las farolas pueden usar temporizadores con sensores de luz para encenderse cuando anochezca pero el parque todavía esté abierto, y reducir su luminosidad cuando se acerca la hora del cierre.

También hay situaciones concretas en las que conviene hacer un uso inteligente de la luz intensa, y un ejemplo de ésto serían las zonas infantiles de recreo, aunque no basta con iluminarlas mucho para garantizar su seguridad, sino que hay que usar la vigilancia natural para complementar dicha iluminación.

La CPTED entra de nuevo en la ecuación: si el parque infantil está incorrectamente situado, la estrategia lumínica no funcionará; recordemos que no existe la solución mágica para todo en cuanto a prevención de la criminalidad, y que la iluminación es sólo una parte que debe complementarse con otras soluciones de apoyo.

Lo mejor es que la zona de juegos esté situada en un lugar donde pueda ser vista por viandantes y residentes de la zona desde sus viviendas, incluso a las horas a las que no hay niños jugando en el parque, porque es entonces cuando tienen lugar la mayoría de las conductas problemáticas, como los actos de vandalismo que pueden dañar el mobiliario urbano (bancos, papeleras...) o el mal uso de las instalaciones pensadas exclusivamente para niños (columpios, casitas de madera...).

También aprovechan la nocturnidad de estas zonas de recreo algunas parejas, o personas que van a consumir drogas o alcohol, y que pueden dejar desperdicios que supongan un peligro para los más pequeños (preservativos, cristales o botellas rotas, colillas, jeringuillas,...).

Estos hechos no sólo pueden molestar a los vecinos de la zona, sino que atentan contra la seguridad y la salud de los menores.

Un parque infantil está pensado para ser utilizado

principalmente por padres e hijos durante horas diurnas, por lo que si hay luz intensa incluso de noche, las personas que acudan a él para darle un uso no convencional o inapropiado, se sentirán observadas, lo que garantizará una mayor seguridad de la zona y sus instalaciones.

Tipos de alumbrado público

5. Tipos de alumbrado público

Tan importante como el uso inteligente de la luz es el tipo de alumbrado público que se emplea.

Mientras la iluminación LED se impone cada vez más por ser sus lámparas más eficientes y seguras, prácticamente cada año aparecen nuevos diseños de farolas, pero ¿cuáles son los modelos más interesantes de cara a la seguridad ciudadana?

Las farolas se componen básicamente de los siguientes elementos:

- Estructura: se compone del poste y el balastro. Dependiendo del modelo, puede incluir una pequeña caja embebida en su base que contiene el cableado y otros elementos eléctricos.

- Poste: es el elemento que se encarga de sustentar en su parte superior el balastro y de anclar la farola al suelo. Puede ser simple (de un sólo balastro) o múltiple (con varios balastros), además de recto, curvo, acodado...

- Balastro: es la parte de la farola que contiene la lámpara. Existen multitud de diseños, y uno de los más conocidos es el tipo globo que usan las farolas de sodio de alta presión (luz anaranjada). La mayoría de los balastros que dirigen la luz al suelo, incluyen una lente de vidrio o plástico resistente que se encarga de contener y proteger la lámpara, aunque también difuminan la luz.

- Lámpara: es la fuente de luz, que bien puede ser una bombilla convencional, una de bajo consumo o un panel de diodos emisores de luz (LED).

Las farolas se pueden clasificar de varias maneras:

1. Según el tipo de luz que emiten:

   - Focales: son aquellas que dirigen la luz hacia el suelo y no la desperdician por los laterales o por la parte superior. Son más eficientes porque envían la luz sólo donde es necesaria.

   - Ambientales: envían la luz en varias direcciones, y dependiendo del modelo del balastro pueden alumbrar hacia el cielo, los laterales y el suelo (tipo globo), o hacia los laterales y el suelo (tipo farol). Son modelos que pueden resultar más decorativos que los de luz focal, pero son menos eficientes.

   Algunos ayuntamientos concienciados por la creciente contaminación lumínica de los espacios urbanos, así como por la necesidad de un mayor ahorro energético, han optado por colocar "sombreros" que cubren los globos de las farolas de luz ambiental con la esperanza de transformarlas en farolas de luz focal, pero esta medida es insuficiente: la luz se sigue desperdiciando por los lados y no se resuelve el problema del deslumbramiento.

2. Según su lente:

- Sobresalientes: son aquellas lentes que se encuentran expuestas a la vista, fuera del balastro. Producen fugas de luz por los laterales o laterales y parte superior, y además puede deslumbrar a los viandantes, lo cual dificulta la visibilidad .

- Planas: garantizan una óptima visibilidad e iluminación, dado que se trata de una lente que no sobresale del balastro, lo que minimiza el deslumbramiento y dirige la luz sólo hacia el suelo. Además, este diseño también juega un papel importante contra los actos vandálicos, ya que la lámpara -el elemento más frágil- queda protegido al encontrarse dentro de la propia estructura de la farola, protegida a su vez por la lente plana, que es más difícil de romper.

3. Según la tecnología que usan para emitir luz:

- Vapor de mercurio: hoy consideradas como muy ineficientes, emiten una luz verde-azulada. Entre sus inconvenientes se puede citar su toxicidad y el hecho de que vayan perdiendo luminancia progresivamente sin que el ojo pueda percibirlo claramente. La visión humana tiene especiales dificultades para apreciar el contraste entre colores con este tipo de luz.

- Vapor de sodio: existen dos modelos de vapor de sodio; uno es el SBP o sodio de baja presión, y el otro es el SAP o sodio de alta presión. El SBP es más eficiente que el SAP y ambos modelos son un poco más eficientes que los de mercurio. Los dos emiten una luz anaranjada y suelen emplearse en farolas con balastros tipo globo, en carreteras, autopistas, etc. Para el ojo humano, el contraste entre colores es pobre bajo esta luz (aunque ligeramente mejor en los modelos SAP). Necesitan en torno a diez minutos para encenderse del todo, porque el sodio necesita calentarse.

- Halogenuro metálico: son más eficientes que las de mercurio y sodio, y emiten una luz blanca cálida. Se usan por ejemplo, en campos de fútbol. El contraste entre colores es bastante bueno.

- LED (diodos emisores de luz): es el modelo más eficiente. Actualmente se ofrece en varios colores, aunque predomina el uso de la luz blanca fría. Ofrece un muy buen contraste entre colores para el ojo humano.

A la hora de elegir el tipo de farola más adecuado para un determinado espacio urbano, hay que evaluar cada caso de forma independiente, teniendo en cuenta las características y necesidades del mismo. Por ejemplo, si se trata del casco histórico de una ciudad donde las farolas deben tener una estética acorde con el paisaje urbano o donde prima el diseño ornamental, puede analizarse cuáles son los momentos del día más conflictivos y las zonas con mayor afluencia de personas durante esas horas, de manera que las farolas más convenientes de cara a la seguridad ciudadana se coloquen estratégicamente, sólo donde sean necesarias.

Por regla general, el modelo de farola más conveniente para minimizar riesgos y maximizar la vigilancia natural sería uno focal, ya que lo importante es que los viandantes dispongan de una luz óptima allá por donde se mueven (la iluminación de las copas de los árboles puede tener una función estética, pero no resulta muy funcional), al mismo tiempo que pueden ser vistos por vecinos de la zona desde sus viviendas.

Lo ideal sería que el modelo fuera además de lente plana y de luz blanca (cálida o fría), ya que así se evitan los molestos deslumbramientos; también es más complicado que los vándalos rompan la lente (hay que situarse directamente debajo de ella para verla), y es lo más conveniente para distinguir colores y formas.

En cuanto al coste global de cada farola, las de tipo LED son las más eficientes energéticamente hablando, tanto en consumo como en durabilidad, pero su coste inicial es superior comparado con el de otros modelos.

En cuanto a las estructuras, cabe apuntar que los modelos más modernos de farolas, ya no incluyen el cajetín con el cableado en la base, de forma que pueden usarse en aquellos lugares donde son frecuentes los robos de cable.

La elección inteligente del modelo de farola puede ahorrar gastos innecesarios a los ciudadanos, como los que se generarán al poner en marcha el plan para la urbanización Nueva Condomina (Murcia), donde se ha propuesto recientemente mantener las farolas encendidas las veinticuatro horas del día para evitar los robos del cobre de sus cables, acompañando eso sí, cada respectiva farola con un cartel que advierta del peligro de electrocución[9]...

Posibles efectos de la iluminación

6. Posibles efectos de la iluminación

6.1. Sobre la criminalidad

Hemos visto algunos ejemplos de lo que puede conseguirse con una iluminación inteligente o mejorada de manera selectiva, pero sus efectos (tanto positivos como negativos), se deben analizar tanto durante el día como durante la noche.

Así podemos establecer cuatro contextos a tener en cuenta:

6.1.1. Beneficios de la iluminación durante la noche

Las horas nocturnas suelen ser las más problemáticas cuando hablamos de vandalismo o tasas de criminalidad, además de ser las peor consideradas por los ciudadanos para realizar actividades al aire libre.

Es evidente que tanto la iluminación mejorada como la colocación estratégica de la misma, pueden tener efectos positivos sobre la criminalidad nocturna, esto es, ayudar a reducir el crimen.

¿Cómo puede la iluminación reducir la criminalidad durante la noche?

El primer efecto observable tras una mejora en la iluminación, es el aumento de la actividad nocturna de los vecinos de la zona, bien sea porque salen más de sus casas por la noche, bien sea porque hay una mayor afluencia de personas -residentes o no- por las calles cuando ha anochecido. También es posible que haya actividades diurnas que se prolonguen hasta la caída de la noche, como tareas de mantenimiento en las fachadas de las viviendas o jardines de la zona. Todo esto supone un **incremento de la vigilancia natural**.

Hay mayores probabilidades de que un criminal sea detectado y/o reconocido, por lo que algunos evitan actuar en la zona. Los infractores menos problemáticos pueden ver reducida su actividad debido a un mayor riesgo de ser vistos, lo cual se traduce en **menos actos vandálicos**.

Una zona con más actividad y afluencia de personas durante las horas nocturnas tiende a adaptar su oferta comercial o el uso de sus espacios públicos, por lo que las **medidas de seguridad** también se tornan **más evidentes para los criminales**: mayor presencia policial, instalación de cámaras de seguridad, etc.

6.1.2. Beneficios de la iluminación durante el día

La iluminación inteligente no sólo tiene efectos sobre la criminalidad nocturna, sino que, diversas investigaciones han demostrado que además, afecta a las tasas de criminalidad diurna.

La anteriormente citada investigación llevada a cabo por Atkins y su equipo, muestra una cierta reducción en la criminalidad durante el horario nocturno, si bien también es apreciable esta reducción durante las horas del día (ver datos totales para *Day* en la tabla del capítulo "Investigaciones sobre iluminación y criminalidad").

¿Cómo puede la iluminación reducir la criminalidad durante el día, si las farolas están apagadas?

La propia instalación y mantenimiento continuo del alumbrado por parte de operarios, implica una mayor vigilancia natural de la zona durante el día gracias a l a **presencia de equipos de trabajo, técnicos e incluso policías**; cuando la instalación de una nueva farola o el cambio de su lámpara implican cortar un carril de circulación, suele estar presente un agente de tráfico.

El número y/o colocación de las farolas puede **enviar un mensaje disuasorio a los posibles criminales** durante el día: *imagina cómo será esta zona por la noche, cuando las luces estén encendidas.*

La iluminación puede hacer que los vecinos de una zona se sientan más seguros y pasen más tiempo en la calle, lo cual implica una cierta socialización que presenta un mayor impacto durante las horas diurnas (apertura de más locales donde la gente interactúa, incremento de actividades al aire libre...). Si los vecinos de un barrio se conocen mejor, es más fácil que detecten a los extraños en la zona, lo cual se traduce en un **mayor control social informal**.

Un gran número de criminales prefiere cometer sus fechorías durante la noche porque considera que es el momento del día que más facilidades ofrece. Si la iluminación nocturna propicia un arresto o el descubrimiento de un delincuente in fraganti, los

83

infractores pensarán que actuar de día en esa zona es prácticamente imposible.

Cuando los vecinos del barrio advierten que se está haciendo un esfuerzo por mejorar la seguridad de la zona mediante el alumbrado público, se muestran más colaboradores con la policía; no sólo **es probable que se denuncien más infracciones** (mayor aproximación a la cifra negra), sino que también puede reducirse el número de viviendas vacías (a la venta o alquiler) que incitan a la comisión de delitos contra la propiedad, dado que una mejor iluminación hace que el barrio guste más a sus habitantes, que tendrán menos motivos para mudarse.

6.1.3. Inconvenientes de la iluminación durante la noche

En materia de iluminación en relación con las tasas de criminalidad, no todo son beneficios, y hay que tener en cuenta que habrá ciertas situaciones concretas en las que la iluminación puede llegar a propiciar la actividad criminal.

¿Puede la iluminación nocturna propiciar la criminalidad?

La iluminación mejorada o estratégicamente colocada no sólo permite ver mejor a los viandantes, sino también a los delincuentes, que pueden **evaluar mejor la vulnerabilidad de sus potenciales víctimas**, detectar mejor qué objetos de valor llevan, y localizar mejor a las personas que puedan frustrar sus planes.

Algunas **actividades callejeras** problemáticas **pueden encontrar un aliado en la iluminación** mejorada (botellón, prostitución, trapicheo de drogas, etc).

La iluminación mejorada durante las horas nocturnas **propicia la presencia de vecinos de la zona en las calles**, lo cual se traduce en **más viviendas vacías** que pueden ser objeto de un robo.

6.1.4. Inconvenientes de la iluminación durante el día

La mayoría de los casos en los que la iluminación presenta inconvenientes durante el día, tienen su explicación en que ésta también puede actuar en beneficio del delincuente, aún cuando las farolas no están encendidas.

¿Cómo puede propiciar la iluminación la criminalidad, si las farolas están apagadas durante el día?

Las zonas que garantizan una buena iluminación nocturna pueden convertirse en **puntos de encuentro diurnos** para personas que desarrollan una actividad que se prolonga durante la noche (gente que sale en busca de ocio nocturno, prostitución, etc).

Puntualmente, algunos **delincuentes pueden hacerse pasar por operarios o técnicos** que van a llevar a cabo una revisión, con el verdadero objetivo de robar en las viviendas.

Las personas que desarrollan **actividades nocturnas**

problemáticas en una zona que cuenta con una buena iluminación durante dichas horas, pueden empezar a desarrollarlas **también durante el día** (presencia de prostitutas, camellos, etc).

La iluminación puede influir de muchas formas sobre las tasas de criminalidad de una zona, pero conviene recordar que cada área tiene un diseño ambiental y unas características individuales que la diferencian de otras partes de la ciudad.

Ante la dificultad que implica elaborar un manual genérico para reducir la criminalidad mediante la iluminación mejorada, conviene evitar los simplismos y las generalizaciones acerca de su aplicación, así como recordar que lo más eficaz es emplear la luz junto a otras estrategias de prevención criminal, siempre adaptándolas a las características particulares de la zona donde se pretenda intervenir.

6.2. Sobre criminales y víctimas

6.2.1. Iluminación y criminodinamia

La creencia general de que la víctima es un sujeto pasivo en el crimen se ha ido transformando paulatinamente a partir de los años setenta gracias al desarrollo experimentado por la Victimología[10], disciplina que aboga por el reconocimiento de la figura de la víctima, y que suscribe su participación activa en el suceso delictivo, lo que ha permitido avanzar a la Criminología gracias a un mejor entendimiento del fenómeno criminal.

La víctima y su agresor se definen mutuamente, y se establece entre ellos una relación que se conoce como criminodinamia. En esta dinámica víctima-agresor, uno interfiere directamente en la definición de la función del otro, pudiendo llegar a producirse, en ocasiones puntuales, el intercambio de sus papeles.

La iluminación puede afectar tanto al sentimiento de seguridad de potenciales víctimas y criminales, como a la manera en la que éstos deciden actuar o reaccionar.

Por ejemplo, un criminal que se encuentre venteando puede identificar mejor el tipo concreto de víctima que busca (mujeres de aspecto frágil, ancianos, niños...) gracias a una mejor iluminación; aunque también las potenciales víctimas pueden discernir antes la presencia de un extraño que se aproxima, si el lugar en el que se encuentran tiene una iluminación adecuada, probabilidad que se ve reducida en aquellos entornos que carecen de ella.

El tiempo que una víctima tiene para reaccionar en el momento en el que es atacada, suele ser mínimo o nulo, además de estar bajo la influencia de numerosos factores, como por ejemplo un asaltante armado, un miedo insuperable, un entorno solitario, etc.

No obstante, cuando un ataque es ya inevitable, una mejor iluminación puede propiciar que el hecho delictivo se desarrolle de una manera más rápida y/o desorganizada, que la víctima identifique más fácilmente a su agresor, o que éste último opte por cometer un acto que no implique una excesiva violencia, ya que un forcejeo en plena calle puede llamar la atención de otras personas y es más fácil que sea descubierto.

Otro aspecto importante a tener en cuenta es que el tipo de criminalidad puede cambiar en las zonas con una mejor iluminación, siendo menos probable encontrar casos de delitos contra las personas o contra la libertad sexual, aunque para comprobar este hecho es necesario haber recopilado datos referentes a la tasa de criminalidad de una zona concreta, que además se clasifiquen por tipo de delitos (robos en viviendas, hurtos en comercios, peleas callejeras, agresiones sexuales, atracos, etc.)

6.2.2. Iluminación y criminogénesis

Si bien hemos visto que ciertos comportamientos conflictivos pueden reducirse mediante un uso inteligente de la iluminación, no conviene ignorar la actividad de determinados criminales, que si bien no son habituales, generan mucha alarma social. Tal es el caso de los individuos que padecen alguna enfermedad o disfunción psicológica, patologías psiquiátricas, o trastornos de la personalidad.

Ninguno de los estudios analizados a lo largo de la redacción de este libro trata acerca de cómo influye la iluminación sobre la criminalidad serial, si bien este es un fenómeno muy complejo de estudiar; España no destaca por tener una gran cantidad de agresores en serie, y cuando se da un caso no se presta atención a la iluminación de los lugares de los hechos. Este hecho, sumado a la poca relevancia que aún tiene la relación luz-criminalidad en nuestro país, hace aún más difícil la apertura de nuevas vías de investigación como la mencionada.

El origen de la conducta criminal de una persona se conoce como criminogénesis, y es menester anticiparse a los posibles efectos que la iluminación mejorada puede traer en relación con nuevas actividades criminales, como la aparición de problemas de drogas, prostitución, reyertas callejeras, vandalismo, etc.

Sería interesante prestar atención para averiguar si dichas actividades son desarrolladas por personas con antecedentes por el mismo delito u otros similares, o si se trata de nuevos criminales, para lo cual es conveniente preguntarse si un proyecto de iluminación mejorada puede generar criminogénesis en determinadas personas o colectivos.

6.2.3. Iluminación y victimogénesis

Un aspecto no falto de controversia a tener en cuenta en los proyectos que impliquen una mejora de la iluminación con fines de prevención criminal, es la relación que puede existir entre ésta y la victimogénesis. ¿Puede una determinada iluminación incidir de manera directa o indirecta sobre la probabilidad de convertirse en víctima?

A este respecto conviene recordar que en ciertas ocasiones, la actitud de una víctima potencial puede alentar la conducta criminal de otro individuo.

Algunos criminales eligen a sus víctimas en función del grado de inseguridad o vulnerabilidad que perciben en ellas, analizando su comportamiento y comunicación no verbal. Así, una posible víctima que muestra una actitud segura, que camina erguida y a buen paso y mantiene un breve contacto visual con las personas con las que se cruza por la calle, no es tan tentadora como aquella que camina cabizbaja, de manera distraída o con una clara sensación de inseguridad (por ejemplo, agarrando con fuerza el bolso bajo el brazo).

Un ambiente que aumenta el sentimiento de seguridad del ciudadano puede influir de manera más o menos directa sobre determinadas personas, que cambian su actitud o la manera en que se muestran a los demás de forma inconsciente, pudiendo ésto último tener relación con la probabilidad de convertirse en víctima.

No obstante, siempre se debe tener en cuenta el factor suerte, y recordar que el riesgo cero no existe.

Investigaciones de referencia

7. Investigaciones de referencia

A continuación se expone una lista que contiene las publicaciones más relevantes en el campo de la prevención del crimen mediante la iluminación mejorada, así como otras donde se puede encontrar información útil sobre la relación entre iluminación y criminalidad.

Se encuentran ordenadas de forma cronológica, con sus títulos originales, autores y países de origen. Además se incluye un pequeño resumen de cada una de ellas, de manera que el lector pueda utilizar este listado a modo de guía.

1974 -

Steet Light Project: Final Evaluation Report. Atlanta Regional Commision. Estados Unidos.

Resumen: Informe que evaluó posteriormente y durante doce meses, una mejora en la calidad de la iluminación de una zona de la ciudad de Atlanta. Los robos y atracos disminuyeron en el área experimental y se incrementaron en el área de control. La criminalidad diurna descendió en el área experimental un 16,4%, pero aumentó la criminalidad nocturna en ambas áreas.

Milwaukee High Intensity Street Lighting Proyect: Final Report. Department of Intergovernmental Fiscal Liaison. Estados Unidos.

Resumen: Este informe analiza la criminalidad nocturna de una zona de la ciudad de Milwaukee, y su posible relación con la iluminación. Se comparan datos del área experimental y del área de control desde 1969 hasta 1973, e incluye un apéndice con una encuesta sobre la iluminación por vapor de sodio.

A Preliminary Evaluation of the Portland Lighting Project. Norman R. Inskeep y Clinton Goff. Oregon Law Enforcement Council. Estados Unidos.

Resumen: Este proyecto estudia la criminalidad nocturna en una zona de la ciudad de Portland, entre los meses de junio y noviembre, antes y después de la instalación de iluminación mejorada. Establece un área experimental, un área de control y un área adyacente (*displacement area*).

Impact of Street Light on Crime. R. Wright, M. Heilweil, P. Pelletier y K. Dickinson. Estados Unidos.

Resumen: Investigación en varias zonas comerciales y residenciales de Kansas City, donde se compara la iluminación mejorada, que pasó de ser incandescente a ser de vapor de sodio.

1976 -

High Intensity Street Lighting Program: Final Evaluation. Harrisburg Police Department. Estados Unidos.

Resumen: Investigación del Departamento de Policía de Harrisburg sobre la iluminación de vapor de sodio de alta presión. Se basa en encuestas a comerciantes, vecinos de la zona, agentes a pie, y datos sobre criminalidad.

Crime as Opportunity. P. Mayhew, A. Sturman y J. Clarke. Gran Bretaña.

Resumen: Informe acerca de porqué los criminólogos deben interesarse por la prevención social del crimen brindando más apoyo a la prevención "física" del mismo, así como prestando más atención a las oportunidades disponibles para delinquir.

1977 -

The Limits of Lighting: The New Orleans Experiment in Crime Reduction. R. Sternhell. Estados Unidos.

Resumen: Este es el segundo de dos estudios llevados a cabo en la ciudad de Nueva Orleans, acerca de la criminalidad y la iluminación. Se evaluaron un total de trece áreas de la ciudad donde se instaló una nueva iluminación de alta intensidad (400 vatios de vapor de mercurio).

1978 -

Design for Safe Neighborhoods: The Environmental Security Planning and Design Process. R. A. Gardiner. Estados Unidos.

Resumen: Publicación que describe un plan urbanístico en el que se integra la prevención criminal mediante el diseño ambiental; se basa en la tesis de que la organización y diseño físico del entorno, juegan un papel fundamental a la hora de proporcionar oportunidades para delinquir.

1979 -

Combating crime and citizen attitudes: A case study of the corresponding reality. E. B. Lewis y T. T. Sullivan. Estados Unidos.

Resumen: Estudio que analiza los efectos de la iluminación mejorada sobre la criminalidad, así como la actitud de la comunidad frente a ella.

Street Lighting Projects: National Evaluation Program, Phase 1 Report. J . Tien, V. O´Donell, A. Barnett y P. Mirchandani. Estados Unidos.

Resumen: Investigación acerca del impacto de la iluminación sobre la criminalidad y el miedo subjetivo de los ciudadanos frente al crimen.

1982 -

Loss Prevention and Crime Prevention. J. Fennelly. Gran Bretaña.

Resumen: Publicación que aborda la problemática de la seguridad pública desde el punto de vista de la prevención criminológica y la reducción de riesgos.

1991 -

Crime Free Housing. B. Poyner y B. Webb. Gran Bretaña.

Resumen: Libro que se centra en la prevención situacional del crimen, especialmente dirigido a criminólogos y arquitectos. Puede considerarse la segunda parte de *"Design against crime"*, el primer libro de Poyner sobre esta temática.

The Effect of Better Street Lighting on Crime and Fear: A Review. M. Ramsey y R. Newton. Gran Bretaña.

Resumen: Investigación que aborda la relación entre iluminación y criminalidad, así como el miedo al delito. Incluye un estudio desarrollado por un equipo de la Universidad de Southampton que analizó los efectos a gran escala de la iluminación mejorada en Wandsworth.

Crime Prevention Through Environmental Design: Applications of Architectural Design and Space Management Concepts. T. Crowe. Estados Unidos.

Resumen: Libro sobre la prevención del crimen mediante el diseño ambiental, especialmente indicado para arquitectos, criminólogos y responsables de la planificación urbanística. Expone claramente la relación entre diseño y comportamiento humano.

The Influence of Street Lighting on Crime and Fear of Crime. S. Atkins, S. Husain y A. Storey. Gran Bretaña.

Resumen: Investigación que analiza tres mil quinientas zonas con iluminación mejorada en Londres. Incluye periodos de observación de doce meses antes y después del cambio en la iluminación.

1994 -

Lighting Improvements. H. Shaftoe. En el estudio *Housing safe communities: an evaluation of recent initiatives.* Gran Bretaña.

Resumen: Serie de medidas relacionadas con la mejora de la iluminación, que se tomaron para llevar a cabo un plan general de prevención de la criminalidad en Bristol.

Street Lighting: Unexpected Benefits to Young Pedestrians from Improvement. G. Nair y J. Ditton. Gran Bretaña.

Resumen: Investigación realizada entre estudiantes de Glasgow que muestra como los jóvenes también sienten miedo a sufrir una victimación, y de cómo se puede reducir ese miedo mediante la iluminación mejorada.

Gasoline drive-offs: Designing a less convenient environment. G. La Vigne. Estados Unidos.

Resumen: Investigación que analiza las incidencias de treinta y ocho gasolineras del estado de Texas. Aporta consejos para ayudar a reducir los robos en estaciones de servicio, siendo el uso de la iluminación mejorada uno de ellos.

1997 -

Reducing Theft from Shopping Bags in City Center Markets. B. Poyner y B. Webb. Gran Bretaña.

Resumen: Estudio desarrollado en Coventry y Birmingham sobre un problema recurrente: el hurto en los mercados del centro de la ciudad. Se emplearon tanto la iluminación mejorada como el diseño ambiental para reducir la presencia y actuación de carteristas.

The Crime Reducing Effect of Improved Street Lighting: The Dudley project. K. Painter y D. Farrington. Gran Bretaña.

Resumen: Investigación realizada en Dudley, en la que Kate Painter demuestra cómo es posible reducir la criminalidad usando una nueva iluminación. Analiza un área experimental y varias áreas de control, y además, hace uso de encuestas de victimación anónimas entre los vecinos.

1998 -

Illuminating Crime: The Impact of Street Lighting on Calls for Service. K. Quinet y S. Nunn. Estados Unidos.

Resumen: Estudio que analiza los efectos de la iluminación sobre la criminalidad en varios barrios de Indianapolis. La investigación se desarrolló en nueve áreas experimentales y sus respectivas áreas de control.

1999 -

Street Lighting and Crime: Diffusion of Benefits in the Stoke-on-Trent project. K. Painter y D. Farrington. Gran Bretaña.

Resumen: Investigación llevada a cabo en el barrio de Stroke-on-Trent que expone cómo la criminalidad, el miedo al delito y la percepción de los vecinos puede modificarse mediante la mejora del alumbrado público.

Improved Street Lighting: Crime Reducing Effects and cost-benefit Analyses. K. Painter y D. Farrington. Gran Bretaña.

Resumen: Artículo de divulgación acerca de los

efectos de la iluminación mejorada sobre la criminalidad, que analiza las investigaciones de Dudley y Stroke-on-Trent.

2000 -

The Chicago Alley Lighting Project: Final Evaluation Report. E. Narrow y S. Hutton. Estados Unidos.

Resumen: Proyecto llevado a cabo en Chicago que muestra cómo implementar un plan de reducción de la criminalidad mediante la iluminación mejorada. Dedica una especial atención a los callejones poco transitados que discurren entre edificios.

The Promise of Crime Prevention. F. Gant y P. Grabosky. Australia.

Resumen: Publicación del *Australian Institute of Criminology* que trata varios métodos de prevención y reducción de la criminalidad, con especial atención a la prevención situacional y un apartado dedicado a la iluminación.

2002 -

Effects of Improved Street Lighting on Crime: a systematic review. D. Farrington y B. Welsh. Gran Bretaña.

Resumen: Estudio que analiza varias investigaciones acerca de los efectos de la iluminación sobre la criminalidad, concretamente las más importantes de Estados Unidos y Gran Bretaña.

2003 -

The Claim that Brighter Lighting Reduces Crime is Unfounded. P. Marchant. Gran Bretaña.

Resumen: Uno de los artículos detractores más recientes. Examina investigaciones llevadas a cabo en Bristol, Dudley y Birmingham.

2006 -

Improving Street Lighting to Reduce Crime in Residential Areas. R. Clarke. Estados Unidos.

Resumen: Guía especialmente orientada a agentes de policía, en la que se analiza cómo puede beneficiar a la seguridad ciudadana una iluminación mejorada, en combinación con otras medidas.

Confeccionar un guión para estudios sobre iluminación

8. Confeccionar un guión para estudios sobre iluminación

A la hora de llevar a cabo un estudio propio sobre iluminación y criminalidad, es necesario contar siempre con datos objetivos.

Para ello, es necesario emplear estadísticas, si bien deben provenir de diversas fuentes para garantizar la mayor fiabilidad posible. Es por ello que es recomendable contar con estadísticas policiales y judiciales, así como con estadísticas independientes, que se elaboren, por ejemplo, mediante encuestas de victimación.

Se debe tener en cuenta que un estudio de este tipo va más allá de una posible aplicación práctica (por ejemplo, para un Ayuntamiento que quiera mejorar la iluminación con el objetivo de reducir la criminalidad en un determinado barrio); también se estará aportando información que puede servir como base para posteriores estudios, documentación para tesis doctorales, referencias para publicaciones, así como datos que pueden mencionar los medios de comunicación. En definitiva, se desarrolla al mismo tiempo una actividad práctica y una actividad teórico-divulgativa, y ya que esta labor se puede convertir en un referente para otros investigadores, lo mejor es emplear una metodología que esté aceptada en otros países o que sea un estándar.

Confeccionar un guión para un estudio sobre iluminación y criminalidad comienza por definir un plan claro, que debe ser lo más preciso posible:

- ¿Dónde se va a llevar a cabo el estudio? (definir área experimental, área de control y área/s adyacente/s).

- ¿Qué objetivo general y que objetivos específicos persigue? (tipo de delitos cuya incidencia se quiere reducir, etc.)

- Justificación del proyecto (antecedentes, análisis de tasas de criminalidad de las zonas, información sobre el miedo al delito de sus habitantes, etc.)

- Análisis detallado de la iluminación que se busca mejorar (tipos de luz y sistemas de iluminación, situación geográfica de las farolas, detección de *hot spots*, medición de lúmenes, etc.)

- Estudio económico pormenorizado del proyecto (costes materiales y humanos).

- Determinación de la duración del estudio, así como de los periodos de observación (previos y posteriores al mismo).

No se debe olvidar la parte más importante del estudio, que en este caso radica en el factor humano, como el tipo y la densidad de población que habita cada una de las áreas definidas, su percepción de la criminalidad, su miedo subjetivo, y toda la información que nos puedan brindar para aproximarnos a la cifra negra.

La hasta ahora sempiterna condición de "ciudadano de a pie" del criminólogo en España, hace muy complicado el acceso a información y estadísticas policiales y judiciales que no sean de conocimiento público, lo cual dificulta enormemente su labor profesional y científica.

Cabe, por lo tanto resaltar, la importancia de la colaboración del criminólogo con las fuerzas y cuerpos de seguridad del Estado, así como con el sistema de justicia, privilegio respecto a otros colectivos profesionales, que, en el caso de este gremio, resulta vital para llevar a cabo investigaciones científicas de utilidad.

Por otro lado, para elaborar estadísticas independientes, se propone emplear encuestas de victimación entre los vecinos de las áreas seleccionadas para el estudio, ya que los ciudadanos cuentan con información muy relevante desde el punto de vista criminológico, que ni la policía ni la justicia pueden aportar.

Para confeccionar dichas encuestas se propone usar el sistema ICVS, o en el caso de España, el EU ICS[11].

El sistema **ICVS** (siglas en inglés de *International Crime Victim Survey*), conforma una metodología estándar, aceptada de manera internacional por multitud de organismos públicos y privados, que permite realizar encuestas de victimación.

Es un sistema iniciado en 1987 y actualmente coordinado por el Instituto de Investigación de Justicia Criminal de las Naciones Unidas (UNICRI), con sede en Turín, Italia.

Hasta ahora se han elaborado cuatro rondas de encuestas de victimación internacionales en las que han participado setenta y cinco países, concretamente en los años 1989, 1992, 1996 y 2000.

Por otro lado, el **EU ICS** es el estándar equivalente europeo, por medio del cual los países miembros de la Unión pueden compartir y comparar sus encuestas de victimación nacionales.

Actualmente está coordinado por Gallup Europe, con sede en Bruselas, y está compuesto por la UNICRI de Italia, el *Max Planck Institute for Foreign and International Criminal Law* de Alemania, el CEPS/INSTEAD de Luxemburgo y el GeoX de Hungría.

El único estudio conjunto llevado a cabo hasta ahora se realizó en 2005, y en él participaron dieciocho países de la Unión Europea, entre ellos España (eso sí, sólo mediante datos policiales).

Para consultar la información referente a qué deben contener dichas encuestas, así como acerca del formato, metodología e idiomas que se pueden utilizar para su elaboración y presentación, se puede visitar la página web oficial de la UNICRI[12].

En el caso que nos ocupa, las estadísticas independientes que confeccionemos deben adaptarse a nuestro estudio sobre iluminación y criminalidad, por lo que las encuestas podrán diseñarse de una u otra forma, en función de los objetivos marcados.

Además de con encuestas de victimación, estos estudios se pueden enriquecer con otras técnicas aplicadas, como la perfilación geográfica, los mapas de calor, las entrevistas personales, etc.

El informe final debe ir acompañado de un previo, que incluya información precedente al estudio, y un anexo que incluya información recopilada durante la fase de evaluación posterior. Ésto va a garantizar una mayor fiabilidad del proyecto, ya que permite comparar la situación anterior y posterior a la implantación de las medidas adoptadas.

Epílogo

9. Epílogo

A lo largo del libro, se ha hecho un pequeño recorrido por las investigaciones más importantes acerca de la relación entre iluminación y criminalidad. Además se han extraído ciertas lecciones importantes del trabajo de aquellos criminólogos pioneros, que si bien recogen una ínfima parte de todo lo que podemos aprender de ellos, son consideraciones a tener en cuenta para todo aquél que quiera embarcarse en el estudio de la iluminación como medida de prevención de la criminalidad.

Aunque en España este objeto de estudio aparece todavía como algo demasiado específico para la escasa inclusión del criminólogo en el ámbito laboral y nuestra joven tradición en investigación criminológica, en realidad se trata de una materia con un buen porvenir, ya que cuenta con excelentes referencias de estudios internacionales y es compatible con otras medidas de prevención criminal más conocidas, como las anteriormente citadas estrategias CPTED.

Asimismo, muchas ciudades españolas están optando por mejorar la iluminación de sus calles, es cada vez más habitual ver farolas LED, y se están sustituyendo poco a poco aquellos fatídicos globos anaranjados de sodio por modernas farolas de luz blanca.

Hay una creciente demanda ciudadana de una mejor iluminación (especialmente en el apartado de seguridad vial), así como nuevos modelos de lámparas y farolas que invitan a mejorar la ya existente.

A la hora de realizar un estudio criminológico ambiental sobre la relación entre iluminación y tasas de criminalidad, deberíamos contar con personal bien formado y dispuesto a trabajar de acuerdo a ciertos criterios de rigurosidad científica, así como a seguir la metodología más adecuada; de nada nos servirá realizar proyectos con fines de prevención criminal si luego no podemos comparar los datos, equiparar los resultados a los de otros estudios, o comprobar si nuestro objetivo se ha cumplido.

Pese a algunas controversias en la escena criminológica internacional, en general se puede concluir que la iluminación puede ayudar a reducir la criminalidad, siempre y cuando se emplee con inteligencia, habiendo realizado un riguroso estudio previo que contemple las características particulares de la zona, población, ambiente, etc., y apoyándonos en otras medidas que hagan que la mejora de la iluminación sea aún más efectiva (CPTED, cámaras de vigilancia estratégicamente colocadas, SCP, etc.)

En definitiva, mejorando la iluminación con fines de prevención criminal, tenemos mucho que ganar y poco que perder, o como bien apuntaron Farrington y Welsh en su análisis de estudios sobre iluminación y criminalidad, "el alumbrado público mejorado tiene escasos efectos negativos y claros beneficios para los ciudadanos".

Adendum

10. Adendum: Criminología y fotobiología

Si bien cuando hablamos de relación entre criminalidad e iluminación, solemos emplear este último término para referirnos al alumbrado de lugares públicos mediante farolas o focos, no deja de ser interesante investigar la correlación estricta entre luz y crimen, pues existe una relación directa y científicamente probada entre la luz del sol y las secreciones de ciertas glándulas, como la pituitaria o la pineal, que a su vez tienen efectos muy concretos en el cerebro, y por lo tanto, influyen en el comportamiento de las personas.

Un fenómeno ampliamente estudiado en regiones septentrionales como los países escandinavos, es el hecho de que los largos inviernos y la escasez de luz solar, provocan estados de depresión y letargo, circunstancia que antaño los médicos atribuían a la dieta o al clima, pero que hoy atribuyen a la luz.

La conocida como depresión invernal, ha sido investigada por el Dr. Michael Gitlin del Instituto Neuropsiquiátrico de la Universidad de California, concluyendo que, "cuando el medio ambiente es oscuro, la glándula pineal segrega melatonina, que produce somnolencia, letargo, apatía y depresión"[13].

Durante su estudio llevó a cabo varios experimentos con pacientes, a los que sometía a diferentes tipos de luz artificial, siendo relevante que el 70% de ellos mostrase una clara mejoría al recibir un tratamiento diario de luz de espectro completo, es decir, un tipo de luz que contiene todos los colores del arco iris, además de las bandas invisibles, la ultravioleta y la infrarroja; esta luz artificial es la más parecida al espectro solar.

Además de la investigación del Dr. Gitlin, en las últimas tres décadas se han llevado a cabo multitud de estudios acerca de los efectos de la luz solar sobre diversos procesos cerebrales, y muchos de ellos han concluido que la clave está en la cantidad de radiación ultravioleta que absorbe la retina a través de las células epiteliales que la recubren, que se activan con la presencia de la mencionada radiación; ésto desencadena impulsos nerviosos que a su vez activan las glándulas pineal y epitelial. Existe por lo tanto, un sistema oculoendocrino en el que luz y secreción hormonal están directamente relacionadas.

La Criminología contempla explicaciones causales del crimen relacionadas con el sistema endocrino, puesto que la actividad hormonal tiene relevancia en multitud de desórdenes, trastornos y comportamientos desviados. Respecto a la luz -tanto visible como invisible-, y en especial respecto a la privación crónica de rayos ultravioleta, esta disciplina aún tiene mucho que investigar, ya que otros sectores profesionales están cada vez más concienciados por la importancia de la luz sobre el comportamiento humano y la salud mental.

A modo de ejemplo cabe citar uno de los trabajos expuestos durante la celebración del congreso de 1976 de la Comisión Internacional de Iluminación, celebrado en Washington D. C. En él se concluye que si se priva de radiaciones solares (directas o indirectas) durante largos periodos de tiempo a una persona, ésta experimenta un desequilibrio fisiológico del organismo que se traduce en perturbaciones funcionales del sistema nervioso, carencia de vitamina D y alteraciones comportamentales (accesos de violencia, explosiones de sentimientos descontrolados, depresión, etc.)[14]

Por otro lado, se han llevado a cabo estudios sobre los efectos de una carencia grave de radiación ultravioleta en grupos de adolescentes hiperactivos de Estados Unidos, siendo algunos de los más relevantes los desarrollados por James Ott (1973), K. Daniel O'Leary, Ellen Gragaard (1993) o Emily Long (2010).

Muchos de esos jóvenes padecían una hiperactividad tan alarmante que sus padres se veían obligados a tratarlos con altas dosis de anfetaminas, lo cual, a la larga, tiene efectos contraproducentes. La falta de concentración y las actitudes violentas de algunos de estos adolescentes tenían un impacto preocupante en ciertos institutos estadounidenses, por lo que los investigadores decidieron analizar factores como el estilo de vida de los jóvenes, llegando a la conclusión de que pasaban muchas horas frente al televisor y entre cuatro paredes.

En el caso del estudio de Ott, las aulas más conflictivas estaban iluminadas con fluorescentes, que si bien aportan iluminación, no emiten ondas de la gama ultravioleta, por lo que se sustituyeron por lámparas de espectro completo; a las pocas semanas habían cesado las anomalías más graves y los jóvenes más problemáticos eran estudiantes normales, pero lo más impactante del experimento es que el resultado positivo se observó en todas las aulas donde se llevó a cabo el cambio de iluminación.

La evolución de la óptica en los últimos años no sólo ha generado numerosos avances científico-técnicos, sino que también ha hecho importantes aportaciones para la creación de la disciplina científica conocida como fotobiología, que se encarga de estudiar la interacción de la luz (visible o invisible) con los seres vivos.

La idea de estudiar y aplicar la fotobiología desde un punto de vista criminológico nos lleva a una pregunta clave: ¿Es posible reducir el impacto de la criminalidad y las alteraciones comportamentales por medio de la luz? Esta cuestión es especialmente relevante en aquellos casos en los que los comportamientos desviados están relacionados con un confinamiento prolongado, como es el caso de zonas septentrionales del planeta donde abundan la depresión, el suicidio o la violencia intrafamiliar, los centros penitenciarios o los centros de internamiento de menores, etc.

La integración de nuevas disciplinas científicas como la fotobiología en el ámbito criminológico, puede ofrecer un aún más amplio abanico de posibilidades en forma de áreas de investigación y campos de especialización para los criminólogos del futuro.

Glosario de términos

11. Glosario de términos

CCTV:

Siglas de "Circuito Cerrado de Televisión" (en inglés, *Closed Circuit Television*"). Sistema compuesto por una o varias cámaras de videovigilancia que transmiten imágenes a uno o varios monitores, o las almacenan en aparatos de grabación. Todos los componentes del sistema están conectados entre sí mediante cableado u otras tecnologías.

Cifra negra:

Número total de crímenes que se cometen, cuyo volumen resulta imposible de conocer en la práctica, pero al que es posible aproximarse mediante encuestas anónimas de victimación. Está compuesta mayormente por delitos no denunciados, por lo que esta tasa no coincide con las oficiales.

También se la conoce como "cifra oscura".

Control social informal:

Acciones o reacciones de individuos o grupos de individuos para controlar el comportamiento de otros. Puede incluir el hecho de sentirse observado, estar bajo la presión de la comunidad por hacer cumplir las normas y leyes, etc.

También implica medidas concretas que puede llevar a cabo una comunidad, independientemente del Gobierno o la policía, como organizar patrullas de vigilancia formadas por vecinos de una zona conflictiva.

CPTED:

Siglas de *"Crime Prevention Through Environmental Design"* (Prevención del Crimen Mediante el Diseño Ambiental). Serie de estrategias propuestas por Ray Jeffery en 1971, que abogan por la vigilancia natural, la territorialidad, el control de accesos, y en definitiva, la modificación ambiental de los entornos urbanos.

Criminodinamia:

Relación entre criminal y víctima que tiene su origen en el hecho delictivo, y en la que ambas partes se definen mutuamente.

Criminogénesis:

Propensión de los sujetos para convertirse en criminales.

Criminología Ambiental:

Especialización de la Criminología que estudia patrones de criminalidad, ocupándose principalmente de la interacción entre víctimas, agresores y entornos.

Incluye teorías como la Prevención Situacional del crimen, la de las actividades rutinarias, o la de la elección racional.

Encuesta de victimación:

Encuesta que se realiza individualmente a un determinado grupo de personas para conocer datos sobre victimación. Normalmente es anónima, y permite aproximarse a la cifra negra al recopilar información acerca de delitos que no han sido denunciados.

Muchos países las realizan anualmente a nivel nacional.

Escalada Criminal:

Aumento de la frecuencia y/o gravedad de los crímenes cometidos por uno o varios individuos. Es un fenómeno que puede estudiarse de forma particular o general.

Hot spots:

Puntos geográficos donde se cometen crímenes reiteradamente y de manera concentrada, lo que se traduce en un problema de criminalidad recurrente a medio-largo plazo. Pueden ser crónicos (persisten durante mucho tiempo) o agudos (aparecen o reaparecen de repente).

M. Ramsey y R. Newton los denominan "*black spots*".

Perfilación geográfica:

Subtipo de Perfilación Criminal que analiza la relación entre localizaciones geográficas y comisión de crímenes seriales (normalmente asesinatos o violaciones), teniendo como objetivo localizar el área donde más probablemente reside el criminal.

Prevención criminal:

Serie de medidas o estrategias aplicables a una determinada zona, cuya finalidad es reducir la criminalidad. Requieren un estudio previo y posterior a su implantación para comprobar y garantizar su efectividad.

Refuerzo territorial:

Fuerte sentimiento de pertenencia a un determinado lugar (barrio, urbanización, propiedad privada...) que induce a querer cuidarlo y defenderlo de potenciales daños o actitudes dañinas, como el vandalismo y la criminalidad.

O. Newman lo denomina "espacio defendible" (*defensible space*).

SCP:

Siglas de *"Situational Crime Prevention"* (Prevención Situacional del Crimen).

Teoría de Criminología Ambiental compuesta por varias estrategias cuya finalidad radica en reducir las oportunidades para delinquir.

Tasa de criminalidad:

Ratio de crímenes de una determinada zona geográfica. Suele medirse anualmente, la proporción más usada es el número de crímenes por cada 1.000 habitantes, y no se contempla la cifra negra (en España sólo infracciones penales denunciadas y juzgadas).

Venteo:

Acción de rastreo de una posible víctima, que suele consistir en buscarla visualmente atendiendo a factores preferenciales subjetivos, como la complexión física, el color del pelo, el atractivo, etc. En relación a los agresores seriales, esta acción se conoce como "fase de venteo".

Victimogénesis:

Propensión de los sujetos para convertirse en víctimas.

Vigilancia natural:

Una estrategia de la CPTED, consistente en garantizar y mantener líneas de visión despejadas que permitan observar lo que ocurre alrededor.

Bibliografía

12. Bibliografía

- Agencia Española de Protección de Datos (AEPD).

- Atkins, S., Husain, S., Storey, A., y otros (1991). *The Influence of Street Lighting on Crime and Fear of Crime*. Crime Prevention Unit, Paper n° 28. Londres: Home Office.

- Braga, A. A. y Weisburd D. L. (2006). *Police Innovation and Crime Prevention: Lessons Learned from Police Research over the Past 20 Years*. Policing Research Workshop. Washington D. C.: National Institute of Justice.

- Clarke, R. V. (1998). *The Theory of Crime Prevention Through Environmental Design*. Estados Unidos: Rutgers.

- Fattah, Ezzat A. (2000). *Victimology: Past, Present and Future*. Criminologie, Vol. 33, N° 1, pp. 17-46. Canadá: Universidad de Montreal.

- Farrignton, D. P., y Welsh, B. C. (2002). *Effects of Improved Street Lightning on Crime*. Home Office, Research Study 251. Londres: Home Office.

- Fennelly, L. J. (1982). *Loss Prevention and Crime Prevention*. Reino Unido: Butterworth-Heinemann.

- Jacobs, J. (1961). *The Death and Life of Great American Cities*. Nueva York: Random House.

- Jeffery, C. R. (1977). *Crime Prevention Through Environmental Design*. California: Sage.

- Kelling, G. L. y Wilson, J. Q. (1982). *Broken Windows*. Nueva York: *The Atlantic*. Manhattan Institute.

- McKay, T. (2002). *Making Parks Safer*. Canadian Criminology Today. Canadá: Pearson Education.

- Newman ,O. (1972). *Defensible Space: Crime Prevention Through Urban Design*. Nueva York: MacMillan.

- La Vigne, N. G. (1994). *Gasoline drive-offs: Designing a less convenient environment*. Crime Prevention Studies, Vol. 2. Escuela de Justicia Criminal de la Universidad de Rutgers, Nueva Jersey. Nueva York: Criminal Justice Press.

- Painter, K. y Farrington, D. P. (1999). *Street Lighting and Crime: Diffusion of Benefits in the Stroke-on-Trent Project*. Crime Prevention Studies, Vol. 10. Instituto de Criminología de la Universidad de Cambridge. Nueva York: Criminal Justice Press.

- Ramsey, M. y Newton, R. (1991). *The Effect of Better Street Lighting on Crime and Fear: A Review*. Crime Prevention Unit, Paper n° 29. Londres: Home Office.

- Rattcliffe, J. (2006). *Video Surveillance of Public Places*. Center for Problem-Oriented Policing, Response Guide n° 4. Estados Unidos: POP Center.

- Tien J. M., O´Donell, V. F., Barnett, A., Mirchandani, P. B., y otros (1979). *Street Lighting Projects: National Evaluation Program, Phase 1 Report*. Washington, D.C.: Instituto Nacional de Aplicación de la Ley y de Justicia Criminal, Departamento de Justicia de Estados Unidos.

- Webb, B. y Poyner, B. (1991). *Crime Free Housing*. Reino Unido: Butterworth-Heinemann.

Referencias

1 - Agencia Española de Protección de Datos (2009). Nota de prensa de la Memoria de la AEPD correspondiente a 2009: "La difusión de datos en Internet, la videovigilancia, y la inclusión indebida en listas de morosidad, principales motivos de reclamación ante la AEPD en 2009". Extraído el 19 de octubre de 2014, de: https://www.agpd.es/portalwebAGPD/revista_prensa/revista_pren sa/2010/notas_prensa/common/junio/100602_NP_MEMORIA_20 09.pdf

- Rattcliffe, J. (2006). Video Surveillance of Public Places. *Center for Problem-Oriented Policing.* Extraído el 19 de octubre de 2014, de: http://www.popcenter.org/responses/video_surveillance/

- Departamento de Criminología de la Universidad de Leicester (2010). Technologies of control. En 8.4.1, *Growth of CCTV* (pp. 8-10). Leicester. Extraído el 19 de octubre de 2014, de: http://www2.le.ac.uk/projects/oer/oers/criminology/oers/mscunit8/ Unit%208%20Technologies%20of%20Controcg.pdf

2 - Ramsey, M. y Newton, R. (1991) *The Effect of Better Street Lighting on Crime and Fear: A Review.* En Summary and Conclusions, *Executive Summary* (pp. 24). Londres. Extraído el 20 de octubre de 2014, de: http://www.ocpa-oh.org/Evaluation %20and%20Research/Effect%20of%20Street%20Lighting%20on %20Crime%20-%20UK.pdf

3 - La Vigne, N. G. (1994). *Gasoline drive-offs: Designing a less convenient environment.* En Crime Prevention Studies, Vol. 2 (pp. 91-112). Nueva York. Extraído el 20 de octubre de 2014, de: http://www.popcenter.org/library/crimeprevention/volume_02/05n ancy.pdf

4 - Painter, K. y P. Farrington, D. (1999). *Street Lighting and Crime: Diffusion of Benefits in the Stroke-on-Trent Project.* En Crime Prevention Studies, Vol. 10 (pp. 77-122). Nueva York. Extraído el 25 de octubre de 2014, de: http://www.popcenter.org/problems/street_robbery/PDFs/PainterF arrington1999.pdf

5 - Fennelly, L. J. (1996). *Spotlight on Security for Real Estate Managers.* En *A Review of Street Lightning Evaluations: Crime Reduction Effects*, Piece, K. (pp. 52). Nueva York. Extraído el

25 de octubre de 2014, de:
http://www.popcenter.org/library/crimeprevention/volume_10/
03-PeaseLighting.pdf

6 - Farrignton, D. P. y Welsh, B. C. (2002). *Effects of Improved
   Street Lightning on Crime*. En Home Office, Research Study
   251 (pp. 21-22 y 30). Londres. Extraído el 30 de octubre de
   2014, de:
   https://keysso.net/community_news/May_2003/improved_light
   ing_study.pdf

7 - Braga, A. A. y Weisburd D. L. (2006). *Police Innovation and
   Crime Prevention: Lessons Learned from Police Research over
   the Past 20 Years*. En National Institute of Justice, Policing
   Research Workshop (pp. 12). Washington D. C. Extraído el 2
   de noviembre de 2014, de:
   https://www.ncjrs.gov/pdffiles1/nij/grants/218585.pdf

8 - Clarke, R. V. (1998). *The Theory of Crime Prevention
   Through Environmental Design*. En Rutgers (pp. 1). Estados
   Unidos. Extraído el 5 de noviembre de 2014, de:
   http://www3.cutr.usf.edu/security/documents%5CCCPTED
   %5CTheory%20of%20CPTED.pdf

9 - Montesinos, M. J. (2014). *Prueba piloto en la urbanización
   Nueva Condomina para evitar el robo de cable*. Diario La Verdad.
   Extraído el 25 de noviembre de 2014, de:
   http://www.laverdad.es/murcia/ciudad-murcia/201411/25/prueba-
   piloto-urbanizacion-nueva-20141125021345-v.html?
   ns_campaign=WC_MS&ns_source=BT&ns_linkname=Scroll&ns
   _fee=0&ns_mchannel=TW

10 Fattah, Ezzat A. (2000). *Victimology: Past, Present and Future*.
   En Criminologie, Vol. 33, N° 1 (pp. 24). Extraído el 17 de
   diciembre de 2014, de:
   http://www.erudit.org/revue/crimino/2000/v33/n1/004720ar.pdf
11 http://www3.unil.ch/wpmu/icvs/files/2012/11/WP_methodology.p
   df
12 www.unicri.it
13 - Ricks, Delthia, United Press International para Los Angles Times
   (1986). Extraído el 20 de diciembre de 2014, de:
   http://articles.latimes.com/1986-01-19/local/me-1342_1_light-

therapy

14 CIE 016-1964, Technical Report.